SENDEROS

ESTÁNDARES COMUNES

Cuaderno del lector

Grado 4

Printed in the U.S.A.

ISBN 978-0-544-15660-9

10 0928 22 21 20

4500808462 C D E F G

Contenido

Unidad 4

Unidad 5

Unidad 6

Nombre ______________________ Fecha __________

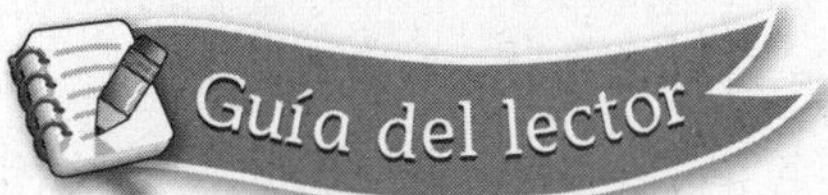

Gracias a Winn-Dixie

¿Qué vio usted, Sra. Franny?

Completa la entrevista que un periodista le hace a la Sra. Franny sobre el encuentro que tuvo con el oso en la biblioteca. Usa palabras que suenen como si la Sra. Franny le estuviera hablando directamente al periodista. Comienza a leer la página 26. Usa la estructura del cuento para encontrar los detalles.

Periodista: Estamos hoy aquí en la Biblioteca Conmemorativa Herman W. Block en Naomi, Florida. Estamos hablando con la bibliotecaria encargada, la Sra. Franny, sobre su asombroso descubrimiento en la biblioteca. ¡Hola, Sra. Franny! ¿Qué fue lo que vio ayer?

Sra Franny:

____

____

Periodista: ¡Increíble! ¿Qué estaba haciendo antes de que llegara el oso?

Sra Franny:

____

____

____

Periodista: ¿Qué hizo cuando vio al oso?

Sra. Franny:

____

____

Periodista: ¿Qué estaba pensando?

Sra. Franny: ____

Periodista: ¿Cómo reaccionó el oso?

Sra. Franny: ____

Periodista: Bueno, ahí lo tienen.
¡Un encuentro extraordinario
con una mujer extraordinaria!

Prefijos *re-*, *in-*, *des-*

desacuerdo	retornar	reaparecer	increíble
desagrado	repasar	injusto	incorrecta

Lee cada oración. Completa la oración con una de las palabras del recuadro.

1. Tengo que ____________ a la tienda este pantalón que no me quedó.
2. Vimos un espectáculo ____________ en el circo.
3. Hay un ____________ sobre quién debe sacar la basura hoy: yo digo que es el turno de mi hermano, pero él dice que es el mío.
4. Debo ____________ mis apuntes de historia antes del examen.
5. Me causa ____________ escuchar ruidos muy agudos.
6. Es ____________ que le echen la culpa por algo que no hizo.
7. El mago hizo ____________ al conejo que había hecho desaparecer.
8. La respuesta a la pregunta estuvo mal, es decir, fue ____________ .

Nombre ______________________ Fecha __________

Acento escrito: Palabras agudas

Palabras básicas 1 a 10. Lee los párrafos. Escribe las Palabras básicas que completen mejor las oraciones.

No sabía lo importante que era practicar un deporte. Me parecía que el entrenador se tomaba todo muy en serio. Creía que era un poco (1) _____. Yo solamente jugaba para divertirme. Pero ayer ocurrió algo que (2) _____ había imaginado: el entrenador me escogió como capitán. Casi no lo podía creer cuando me entregó el listón (3) _____ que me distingue de mis compañeros.

Hoy me desperté para entrenar apenas (4) _____ el sol. Es mi primer día como capitán y quiero hacer mi trabajo lo mejor que pueda. Ya no me interesa sentarme en el sofá a mirar la televisión. Solamente quiero estar en un campo de fútbol. Anoche (5) _____ con mis papás y les (6) _____ si podía jugar más al fútbol después de la escuela. La idea les (7) _____, pero (8) _____ me dijeron que preste más (9) _____ en clase y que no descuide mis tareas.

Creo que ayer (10) _____ una nueva etapa importante en mi vida.

1. ______________________
2. ______________________
3. ______________________
4. ______________________
5. ______________________
6. ______________________
7. ______________________
8. ______________________
9. ______________________
10. ______________________

Palabras avanzadas 11 a 14. Lee el siguiente titular de periódico. En una hoja aparte, escribe un párrafo sobre este titular usando cuatro de las Palabras avanzadas.

EL EQUIPO DE NUESTRA ESCUELA GANÓ LA COMPETENCIA DE ORTOGRAFÍA

Palabras de ortografía

1. empezó
2. gustó
3. jamás
4. entrará
5. pregunté
6. salió
7. también
8. atrás
9. azadón
10. hablé
11. llegó
12. bambú
13. caribú
14. francés
15. atención
16. cordón
17. carmesí
18. acumulación
19. administración
20. mandón

Palabras avanzadas

anís
burgués
millón
acentuación
galardón

Nombre ______________________________ Fecha ______________

Clasificar palabras de ortografía

Escribe cada Palabra básica junto a la descripción correcta.

agudas que terminan con *-n*	**Palabras básicas:** **Palabras avanzadas:** **Palabras posibles:**
agudas que terminan con *-s*	**Palabras básicas:** **Palabras avanzadas:** **Palabras posibles:**
agudas que terminan en vocal	**Palabras básicas:** **Palabras posibles:**

Palabras de ortografía

1. empezó
2. gustó
3. jamás
4. entrará
5. pregunté
6. salió
7. también
8. atrás
9. azadón
10. hablé
11. llegó
12. bambú
13. caribú
14. francés
15. atención
16. cordón
17. carmesí
18. acumulación
19. administración
20. mandón

Palabras avanzadas

anís
burgués
millón
acentuación
galardón

Palabras avanzadas Agrega las Palabras avanzadas en tu tabla para clasificar palabras.

Conectar con la lectura Vuelve a revisar *Gracias a Winn-Dixie*. Encuentra palabras agudas y clasifícalas en la tabla de arriba.

Nombre ______________________ Fecha ____________

Revisión de ortografía

Gracias a Winn-Dixie
Ortografía: Acento escrito: Palabras agudas

Encuentra todas las palabras mal escritas y enciérralas en un círculo. Escríbelas correctamente en las líneas de abajo.

Ayer fui a la librería El Gran Lector a comprar un libro de un autor frances. Caminé por los pasillos repletos de libros y le pregunte a uno de los vendedores si tenían el libro que buscaba. El vendedor lo buscó con atencion y no lo encontró. Luego, fue a preguntar a la administracion y cuando salio me dijo que ese libro jamas les llego y que lo iban a encargar. Tambien me dijo que volviera en dos semanas para ver si ya lo tenían.

1. ____________ 5. ____________
2. ____________ 6. ____________
3. ____________ 7. ____________
4. ____________ 8. ____________

Palabras de ortografía

1. empezó
2. gustó
3. jamás
4. entrará
5. pregunté
6. salió
7. también
8. atrás
9. azadón
10. hablé
11. llegó
12. bambú
13. caribú
14. francés
15. atención
16. cordón
17. carmesí
18. acumulación
19. administración
20. mandón

Palabras avanzadas

anís
burgués
millón
acentuación
galardón

Nombre ______________________ Fecha __________

Núcleo del sujeto y núcleo del predicado

Una **oración** es un conjunto de palabras que tiene sentido completo. El sujeto indica la persona o cosa de la que habla la oración. El **predicado** dice lo que el sujeto es o lo que hace. El **núcleo del sujeto** es la palabra principal que nombra a la persona o cosa de la que se habla. El **núcleo del predicado** es el verbo que dice lo que el sujeto es o lo que hace.

núcleo del sujeto **núcleo del predicado**
El viaje al supermercado tarda cinco minutos.

Pregunta para reflexionar
¿Cuál es la palabra principal que nombra a la persona o cosa de la que trata la oración? ¿Cuál es la palabra principal que dice lo que el sujeto es o lo que hace?

1 a 4. Escribe el núcleo del sujeto en la línea.

1. El Sr. Mota dejó a su perro, Motita, delante del supermercado.
   ____
2. Las puertas automáticas se abrieron. ______________
3. La lista del Sr. Mota tenía muchos artículos. ______________
4. El perro que estaba afuera miraba al Sr. Mota por la ventana.
   ____

5 a 8. Subraya el núcleo del sujeto una vez, y el núcleo del predicado dos veces.

5. Las latas de sopa cayeron al suelo.
6. El Sr. Mota probó un poco de queso en al sección de quesos.
7. Él compró galletitas para perros para darle a Chase.
8. La simpática cajera sonrió.

Sujetos y predicados completos

El sujeto de una oración indica la persona o cosa de la que habla la oración. El grupo de todas las palabras que nombran a la persona o cosa de la que habla la oración forman el **sujeto completo.** El grupo de todas las palabras que dicen lo que el sujeto de la oración es o lo que hace forman el **predicado completo.**

sujeto completo **predicado completo**

La nueva tienda de mascotas tenía muchos tipos de animales.

Un perro que gemía se calmó cuando lo recogí en brazos.

Preguntas para reflexionar
¿Qué palabras dicen la persona o cosa de la que trata la oración? ¿Qué palabras dicen lo que el sujeto es o lo que hace?

En cada oración, subraya el sujeto completo y encierra en un círculo el predicado completo.

1. Todas las mascotas de nuestra calle se portan muy bien.
2. Mi hermano se divierte siempre que las ve jugar.
3. Nuestro perrito disfruta persiguiendo los palitos que lanzamos.
4. Él va corriendo y cruza el gran patio de la Sra. Parker.
5. El Dr. James Moore tiene un pastor alemán muy grande.
6. Las dos hijas del Dr. Moore pasean al perro todos los días.
7. El parque al final de la calle es un buen lugar para las mascotas.
8. Nosotros vemos siempre a los mismos perros y personas allí.
9. Mi perro vio una ardilla un día y se fue corriendo.
10. Una chica que pasaba trotando atrapó a mi perro antes de que se alejara.
11. Yo saludo siempre a esa chica ahora.
12. Nosotros conocemos personas cuando paseamos al perro.

Nombre ______________________ Fecha ____________

Sujetos y predicados compuestos

Cuando una oración habla de dos o más personas o cosas, es una oración con **sujeto compuesto.** Cuando una oración habla de dos o más cosas que el sujeto hace, es una oración con **predicado compuesto.** La palabra *y* se usa para unir los sujetos y los predicados compuestos.

sujeto compuesto

Mi amigo **y** yo llevamos a los perros a un curso de obediencia.

predicado compuesto

Mi perro aprenderá **y** obedecerá cuando yo le de órdenes.

Pregunta para reflexionar

¿Qué palabra se usa para unir los sujetos compuestos y los predicados compuestos?

Subraya el sujeto compuesto en cada oración.

1. Gabriel y yo llevamos a nuestro perro a un curso de obediencia.
2. La mayoría de las personas y perros hacían mucho ruido al principio.
3. Mi perro Titán y el perro de mi amigo, Fido, estaban callados.
4. Mi amigo y yo susurrábamos.
5. El instructor y un perro entrenado demostraron algunas órdenes.

Encierra en un círculo el predicado compuesto de cada oración.

6. Al principio, el instructor levantó un dedo y dijo: “Siéntate”.
7. El perro escuchó y obedeció.
8. Luego, el instructor dijo “Quieto” y se fue.
9. El perro escuchó y no se movió.
10. Finalmente, el instructor acarició a su estudiante y le dijo: “Buen perro”.

Sustantivos

Puede haber sustantivos en el sujeto completo o en el predicado completo. Los **sustantivos comunes** hablan de una persona, animal, lugar o cosa. Los **sustantivos propios** hablan de una persona, animal, lugar o cosa en particular. Los sustantivos propios comienzan con mayúscula.

propio (Artesia), **común** (perro)

Ayer Artesia adoptó un perro.

común (perro), **común** (collar)

Hoy el perro lleva un collar nuevo.

Pregunta para reflexionar
¿La palabra nombra una persona, lugar o cosa?

1 a 5. Encierra en un círculo todos los sustantivos comunes de cada oración.

1. Los perros pueden ser buenas mascotas y ayudantes.
2. En nuestra comunidad, algunos animales ayudan a las personas con necesidades especiales.
3. Nuestro vecino Ramón necesita ayuda cuando va a hacer la compra.
4. Su perro, Manchita, lo ayuda a cruzar calles transitadas.
5. Mi abuela tiene un pastor escocés que ladra cuando suena el timbre o el teléfono.

6 a 10. Subraya los sustantivos propios de cada oración.

6. Trajimos a nuestro perro Andy con nosotros a Miami a visitar a mi tío Tito.
7. Pasamos por Daytona Beach y por Titusville.
8. Luego nos desviamos para visitar el Parque Nacional de los Everglades.
9. Le preguntamos al guardia forestal Sánchez si nuestro perro podía entrar en el parque.
10. Andy y yo nunca habíamos viajado tan lejos de Jacksonville antes.

Nombre _______________ Fecha _______

Fluidez de las oraciones

Oraciones cortas	Oración combinada con un sujeto compuesto
Rudy quiere una mascota. Sus hermanos quieren una mascota.	Rudy y sus hermanos quieren una mascota.

1 a 6. Combina las oraciones uniendo los sujetos con la palabra *y* para formar un sujeto compuesto. Escribe la nueva oración en la línea.

1. Los niños disfrutan de las mascotas. Los adultos disfrutan de las mascotas.

   ____

2. Los perros grandes pueden ser buenas mascotas. Los perros pequeños pueden ser buenas mascotas.

   ____

3. Mis padres me hablaron de las distintas clases de perros. El veterinario me habló de las distintas clases de perros.

   ____

4. Los caniches suelen vivir más de diez años. Los perros salchicha suelen vivir más de diez años.

   ____

5. Mi hermano prefirió el perro salchicha. Yo preferí el perro salchicha.

   ____

6. Nuestro nuevo perro durmió a gusto en el porche. Nuestro gato durmió a gusto en el porche.

   ____

Nombre ______________________ Fecha ____________

Lección 1
CUADERNO DEL LECTOR

Gracias a Winn-Dixie
Escritura: Escritura narrativa

Punto de enfoque: Elección de palabras

Usar palabras concretas

A. Lee cada oración. Rellena los espacios en blanco con palabras concretas para crear detalles vívidos y hacer la oración más interesante.

Oración	Oración con detalles vívidos
1. Unos gatitos dormían en una caja.	Los ________ gatitos dormían ______________________ en una caja ________
2. Cuando los gatitos se despertaron, observamos cómo jugaban.	Cuando los gatitos ____________ ____________, observamos cómo jugaban ______________________

B. Lee cada oración. Reescríbela con detalles vívidos.

En parejas/Para compartir **Trabaja junto con un compañero. Generen palabras y frases concretas para crear detalles vívidos.**

Oración	Oración con detalles vívidos
3. Winn-Dixie miró por la ventana.	
4. La Sra. Franny tenía miedo.	
5. Winn-Dixie le sonrió a la Sra. Franny.	

Nombre ______________________ Fecha ____________

Mi hermano Martin

Querida madre, ¿por qué?

Christine escribe sobre su infancia con su famoso hermano Martin Luther King, hijo. Cuando ella y su hermano eran pequeños, hubo ciertos sucesos históricos que influyeron en su vida. Piensa en detalles del texto que te ayuden a comprender los sucesos históricos.

Lee la pág. 55. M.L y A.D. volvieron solos ese día. Piensa en por qué volvieron solos.

¿Qué les dijeron sus amigos?

____

____

____

____

Piensa en los sucesos históricos de la época. ¿Qué permitía a los amigos de M.L y A.D tratarlos de esa manera?

____

____

____

____

Nombre ______________________ Fecha ____________

Lee las págs. 56 y 57. M.L finalmente le pregunta a su madre: "¿Por qué la gente blanca trata tan mal a la gente de color?" ¿Qué piensas que le responde su querida madre? Escribe la respuesta en las palabras de la madre. Asegúrate de incluir detalles sobre los sucesos históricos que hacían que se tratara tan injustamente a las personas de color.

Nombre ______________________ Fecha ____________

Prefijos *im-, in-, i-*

injusticia	irresponsable	imposible	inseguro
ilegal	imperfecto	irremplazable	

Lee cada palabra subrayada. Usa el significado del prefijo como ayuda para entender el significado de la palabra. Luego completa la oración de manera que tenga sentido.

1. Sé que soy irresponsable cuando
   ______________________________________.
2. Es casi imposible alcanzar el récord de
   ______________________________________.
3. Según la ley, es ilegal
   ______________________________________.
4. Me siento insegura cuando
   ______________________________________.
5. El par imperfecto de pantalones tenía
   ______________________________________.
6. Perder algo que es irremplazable
   ______________________________________.
7. Un ejemplo de una injusticia es que
   ______________________________________.

Nombre _________________________ Fecha ___________

Lección 2
CUADERNO DEL LECTOR

Mi hermano Martin
Ortografía: Acento escrito: Palabras llanas

Acento escrito: Palabras llanas

Palabras básicas 1 a 10. Escribe la Palabra básica de la lista que tenga más sentido con la pista.

1. dulce, dulcita ___________
2. tiene ramas y hojas ___________
3. así es sumar 2 más 2 ___________
4. pueden verse en los incendios ___________
5. como una estatua ___________
6. no son todas ___________
7. lo uso si hace frío ___________
8. un deporte divertido ___________
9. necesario para escribir ___________
10. es útil para rectas pero no para círculos ___________

Palabras avanzadas 11 a 14. En una hoja aparte, escribe un párrafo sobre una vez en que estudiaste mucho para una prueba. Usa cuatro Palabras avanzadas.

Palabras de ortografía

1. cuidarnos
2. jugando
3. regla
4. algunas
5. compacta
6. blancos
7. bomberos
8. dijeron
9. sutiles
10. árbol
11. mármol
12. lápiz
13. azúcar
14. inmóvil
15. carácter
16. fútbol
17. cráter
18. géiser
19. suéter
20. fácil

Palabras avanzadas

inverosímil
portátil
incierto
examen
geografía

Nombre ______________________ Fecha ____________

Mi hermano Martin
Ortografía: Acento escrito: Palabras llanas

Clasificar palabras de ortografía

Escribe cada Palabra básica junto a la descripción correcta.

llanas que terminan con *-n*	**Palabras básicas:** **Palabras avanzadas:** **Palabras posibles:**
llanas que terminan con *-s*	**Palabras básicas:** **Palabras posibles:**
llanas que terminan con otras consonantes	**Palabras básicas:** **Palabras avanzadas:** **Palabras posibles:**
llanas que terminan en vocal	**Palabras básicas:** **Palabras difíciles:** **Palabras posibles:**

Palabras avanzadas Agrega las Palabras avanzadas en tu tabla para clasificar palabras.

Conectar con la lectura Vuelve a revisar ***Mi hermano Martin.*** Encuentra palabras llanas y clasifícalas en la tabla de arriba.

Palabras de ortografía

1. cuidarnos
2. jugando
3. regla
4. algunas
5. compacta
6. blancos
7. bomberos
8. dijeron
9. sutiles
10. árbol
11. mármol
12. lápiz
13. azúcar
14. inmóvil
15. carácter
16. fútbol
17. cráter
18. géiser
19. suéter
20. fácil

Palabras avanzadas

inverosímil
portátil
geografía
incierto
examen

Nombre ______________________ Fecha ____________

Revisión de ortografía

Mi hermano Martin
Ortografía: Acento escrito: Palabras llanas

Encuentra todas las palabras mal escritas y enciérralas en un círculo. Escríbelas correctamente en las líneas de abajo.

En el pueblo quedaron impactados con la noticia. A algúnas personas les costaba creer que era una historia verdadera. Luego de que todo el pueblo los buscara durante un día entero, un grupo de bombéros finalmente encontró a los hermanos Robinson. Estaban sanos y salvos, acurrucados bajo un arbol en un claro del bosque cercano. Cuando les preguntaron qué había sucedido, dijéron que habían ido de paseo y que decidieron detenerse en ese claro para almorzar. Después de comer, comenzaron a jugar al futbol y sin darse cuenta estuvieron jugándo hasta que empezó a oscurecer. Al ver que era muy tarde, decidieron que lo mejor era pasar la noche allí, ya que sería muy facil perderse si intentaban regresar en la oscuridad. Afortunadamente, les había sobrado comida del mediodía y cada uno tenía un sueter abrigado para ponerse.

1. ______________ 5. ______________
2. ______________ 6. ______________
3. ______________ 7. ______________
4. ______________ 8. ______________

Palabras de ortografía

1. cuidarnos
2. jugando
3. regla
4. algunas
5. compacta
6. blancos
7. bomberos
8. dijeron
9. sutiles
10. árbol
11. mármol
12. lápiz
13. azúcar
14. inmóvil
15. carácter
16. fútbol
17. cráter
18. géiser
19. suéter
20. fácil

Palabras avanzadas

inverosímil
portátil
geografía
incierto
examen

Nombre ______________________ Fecha ____________

Oraciones enunciativas e interrogativas

Una oración que afirma algo es **una oración** enunciativa. Termina con un punto. Una oración que hace una pregunta es una **oración interrogativa.** Empieza y termina con un signo de interrogación. Todas las oraciones comienzan con letra mayúscula.

oración enunciativa	**oración interrogativa**
Martin Luther King, hijo, dio muchos discursos.	¿Qué aprendiste sobre el Dr. King?

Preguntas para reflexionar
¿La oración afirma algo? ¿La oración hace una pregunta?

Agrega los signos de puntuación que correspondan. Escribe si la oración es *enunciativa* o *interrogativa*.

1. __ El Dr. King dio un discurso muy famoso en 1963 ____________

2. __ Sabes si dijo las palabras "Tengo un sueño" ____________

3. __ Has leído alguna vez el discurso ____________

4. __ La ocasión fue una marcha en Washington ____________

5. __ Al menos 200,000 personas estuvieron allí ____________

6. __ De qué trataba el discurso ____________

7. __ Cómo reaccionaron los que oyeron el discurso ____________

8. __ El Dr. King habló sobre sus sueños de libertad ____________

9. __ Piensas que un discurso puede cambiar la historia ____________

10. __ Muchos dijeron que fue el mejor discurso del siglo veinte en Estados Unidos ____________

Nombre ______________________ Fecha __________

Oraciones imperativas y exclamativas

Una oración que da una orden es una **oración imperativa.** Por lo general, termina con un punto. Una oración que expresa una emoción fuerte es una **oración exclamativa.** Las oraciones exclamativas empiezan y terminan con un signo de exclamación.

oración imperativa	**oración exclamativa**
Hablen de la lucha por los derechos civiles.	¡La verdad es que fue una lucha durísima!

Preguntas para reflexionar
¿La oración da una orden? ¿La oración expresa una emoción fuerte?

Agrega los signos de puntuación que correspondan. Escribe si la oración es *imperativa* o *exclamativa.*

1. __ Lee sobre las leyes especiales para afroamericanos ______________
2. __ Qué injustas eran esas leyes ______________
3. __ Aprende por qué cambiaron las leyes ______________
4. __ Investiga sobre las marchas por la libertad ______________
5. __ Qué inspiradoras eran las marchas ______________
6. __ Algunas personas fueron increíblemente valientes ______________
7. __ El Dr. King era un orador genial ______________
8. __ Imagina que miles de personas te están escuchando ______________
9. __ Piensa en lo mucho que ha cambiado nuestro país ______________
10. __ Qué parte tan importante de nuestra historia ______________

Nombre ______________________ Fecha ____________

Cuatro clases de oraciones

Una **oración enunciativa** afirma algo y termina con un punto. Una **oración interrogativa** hace una pregunta, y empieza y termina con un signo de interrogación. Una **oración imperativa** da una orden y suele terminar con un punto. Una **oración exclamativa expresa** una emoción fuerte, y empieza y termina con un signo de exclamación.

Hay muchos monumentos en Washington.
¿Has visto el monumento a Lincoln?
Decide lo que quieres ver.
¡Va a ser un viaje maravilloso!

Preguntas para reflexionar
¿Cuál es el propósito de la oración? ¿Qué signos de puntuación deben usarse?

Agrega los signos de puntuación que correspondan. Escribe si la oración es *enunciativa, interrogativa, imperativa* o *exclamativa.*

1. __ Observa esta fotografía ____________________
2. __ Este es un monumento en la capital de nuestra nación ____________________
3. __ Cuál es el propósito del monumento ____________________
4. __ El monumento honra a Martin Luther King ____________________
5. __ Hay algunas citas del Dr. King en una pared ____________________
6. __ Sabes si hay una estatua del Dr. King ____________________
7. __ Trata de visitar el monumento ____________________
8. __ Ya quiero verlo ____________________
9. __ Te parece que visitemos juntos el monumento del Dr. King ____________________
10. __ Hay muchos monumentos en la capital de nuestra nación ____________________

Nombre ____________________ Fecha __________

Contracciones

Las **contracciones** son la forma abreviada en que se escriben y pronuncian ciertas palabras cuando ocurren seguidas. Cuando estas palabras se encuentran juntas, siempre se debe utilizar la contracción.

contracciones

a + el   al

de + el   del

Las contracciones no se forman si la palabra *El* está en mayúscula en la oración. Tampoco se forman con la palabra *él*, con acento.

Escribe las contracciones correspondientes a las palabras subrayadas. Si la contracción no es posible, indícalo.

1. Conocí a mi amiga Lupe porque vive a el lado de mi casa. __________
2. Lupe estudia ciencias políticas en la universidad de el estado. __________
3. Ella viajó a El Salvador para hablar de los derechos civiles. __________
4. Bajó de el avión y se reunió con sus compañeros en el aeropuerto. __________
5. Llegó a la sala de reuniones para hablar de Martin Luther King, hijo. __________
6. Algunos de los asistentes no habían escuchado a el Dr. King dar su discurso más famoso. __________
7. Muchos de los asistentes del público le hicieron preguntas de él. __________
8. A el final de su presentación, recibió un fuerte aplauso. __________

Nombre ______________________ Fecha ____________

Fluidez de las oraciones

Enunciados	Distintas clases de oraciones
Había muchos líderes de derechos civiles. Tenían muchos desafíos. Luchaban por la igualdad. Puedes averiguar lo que hicieron.	Había muchos líderes de derechos civiles. ¡Tenían muchísimos desafíos! ¿Cómo luchaban por la igualdad? Averigua lo que hicieron.

Cambia cada enunciado subrayado por una pregunta, una orden o una exclamación. La palabra entre paréntesis ( ) indica qué clase de oración debes escribir. Escribe las oraciones en las líneas debajo.

Los líderes de derechos civiles lograron muchos cambios. (pregunta) Usaron distintos métodos. El abogado Thurgood Marshall trabajó por los derechos civiles. Pueden estudiar los logros de Marshall. (imperativa) Fueron extraordinarios. (exclamativa)

Hay formas de cambiar las leyes injustas. (pregunta) Thurgood Marshall las retó en los tribunales. Tenía un caso contra un sistema de escuelas públicas en Kansas. Ganó el caso. (exclamativa) Como resultado, los estudiantes afroamericanos pudieron ir a la escuela con los estudiantes blancos. El presidente Johnson nombró a Marshall miembro de la Corte Suprema en 1964. Fue el primer juez afroamericano de la Corte Suprema. Pueden recordar a Thurgood Marshall como un gran líder de derechos civiles. (imperativa)

1. ____

2. ____

3. ____

4. ____

5. ____

6. ____

Nombre ____________________ Fecha __________

Punto de enfoque: Elección de palabras

Palabras que describen

A. Lee cada oración sobre la historia. Fíjate en las palabras subrayadas que se usan para expresar sentimientos. Luego reescribe la oración con palabras y detalles vívidos que describen.

Pobre elección de palabras	Elección de palabras vívidas
1. Ni a M. L. ni a A. D. les gustaba aprender a tocar piano.	
2. Muchas personas se preocupaban por la igualdad de los derechos.	

B. Lee cada oración sobre la historia. Reescríbelas con palabras vívidas que reflejen los sentimientos del personaje.

En parejas/Para compartir Trabaja junto con un compañero. Generen palabras vívidas para sus oraciones.

3. M. L. quería que las personas se trataran mejor.	
4. M. L. era una persona bondadosa.	
5. M. L. admiraba los actos de su padre.	

Nombre ______________________ Fecha __________

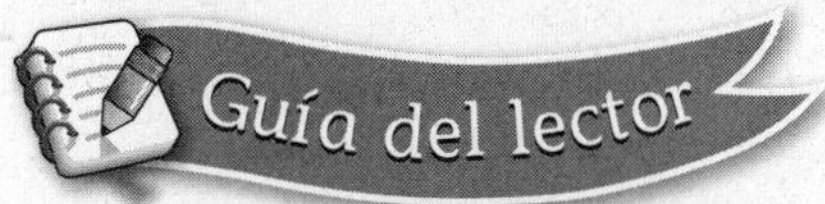

Mi bibliotecario es un camello

Mi tarjeta de la biblioteca

Vuelve a leer las páginas 80 y 81 y observa las fotografías de *Mi bibliotecario es un camello* para responder a las preguntas que siguen.

¿Qué están haciendo los niños de la fotografía de la izquierda?

____

____

____

¿Cómo están vestidos? ¿Cómo lucen? ¿Qué te dice esto sobre lo mucho que desean tener los libros?

____

____

____

¿Qué te dice acerca del lugar en donde viven el hecho de que usen un trineo para ir a la oficina de correos?

____

____

____

Nombre ______________________________ Fecha __________

Mi bibliotecario es un camello
Lectura independiente

Lee la página 81. Piensa en la importancia que tienen los libros para los niños de Cambridge Bay, en Canadá. Diseña una tarjeta de la biblioteca que muestre los objetivos del sistema de afiliación por correo de los Territorios del Noroeste. Incluye elementos visuales y un lema. Un lema es una frase atractiva que dice los objetivos de una organización.

Frente

Dorso

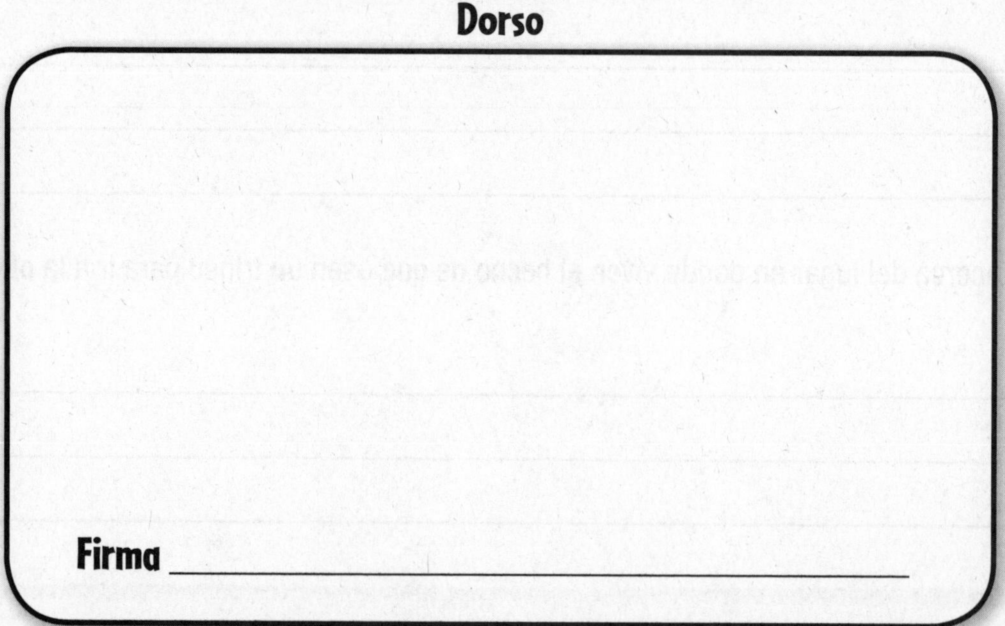

Nombre ______________________ Fecha __________

Mi bibliotecario es un camello
Estrategias de vocabulario: Analizar el contexto

Analizar el contexto

enérgica	generosos	pariente	agradecida
nostálgica	negativo	considerada	

Lee cada oración. Completa la oración con una de las palabras del recuadro.

1. Cuando la abuela mira fotos viejas de la familia se pone __________ .
2. Mis tíos fueron muy __________ al regalarme la colección completa de libros que tanto deseaba.
3. Le mandé un libro sobre mi ciudad a mi tío Francisco, un __________ mío que vive en México.
4. Una nadadora debe sentirse muy __________ para poder completar una carrera.
5. Esta canción es muy alegre. No tiene nada __________ .
6. Los residentes se sienten __________ con los trabajadores que les traen libros.
7. La bibliotecaria fue muy __________ al guardar el libro para Alma.

Nombre ______________________ Fecha __________

Palabras: Combinaciones con *r*

Palabras básicas **Lee los párrafos. Escribe las Palabras básicas que completen mejor las oraciones.**

Una mañana __________, cuando estaba en tercer grado, mi maestra me contó una historia de cómo un simple nombre determinó el destino de un hombre y el de un país. La historia, que tiene un comienzo __________, dice que en el siglo XV las potencias navales europeas estaban interesadas en hallar una ruta rápida para __________ por mar en la India. Pero el principal obstáculo que debían superar era el temible Cabo de las Tormentas, en el sur de África, donde el frío del océano Atlántico se unía con el calor del océano Índico.

El rey de Portugal decretó que a partir de ese momento el Cabo pasaría a llamarse Cabo de Buena Esperanza, ya que atravesarlo era la única esperanza para llegar a su preciado destino. El rey encomendó a Bartolomé Díaz que reuniera un __________ de hombres y emprendiera con brazo firme la travesía. La idea del rey funcionó y Bartolomé Díaz se convirtió en el primer explorador europeo en llegar al extremo sur de África. El __________ clima del Cabo no lo pudo __________.

Todavía el viento y las olas azotan el Cabo de Buena Esperanza, pero gracias a la __________ de la tecnología moderna, ya no son una amenaza para los navegantes. __________ una montaña, la luz __________ de un faro guía a los barcos que pasan por la zona.

Palabras avanzadas **En una hoja aparte, escribe algunas reglas que los visitantes de un zoológico deberían seguir. Usa tres Palabras avanzadas.**

Palabras de ortografía

1. entrar
2. obra
3. príncipe
4. sobre
5. triste
6. madre
7. acostumbrarse
8. brillante
9. broma
10. crecer
11. crudo
12. frenar
13. fruta
14. grano
15. grupo
16. prado
17. cifra
18. fibra
19. libre
20. mugre

Palabras avanzadas

abrasador
adiestrar
temprano
asombrar
hombro

Nombre ______________________ Fecha ____________

Mi bibliotecario es un camello
Ortografía:
Combinaciones con *r*

Clasificar palabras de ortografía

Escribe cada Palabra básica junto a la descripción correcta.

palabras con *cr*, *dr*	Palabras básicas: Palabras posibles:
palabras con *gr*, *fr*	Palabras básicas: Palabras posibles:
palabras con *br*, *pr*, *tr*	Palabras básicas: Palabras avanzadas: Palabras posibles:

Palabras avanzadas Agrega las Palabras avanzadas en tu tabla para clasificar palabras.

Conectar con la lectura Vuelve a revisar ***Mi bibliotecario es un camello.*** Encuentra palabras con ***cr, dr, gr, fr, br, pr, tr*** y clasifícalas en la tabla de arriba.

Palabras de ortografía

1. entrar
2. obra
3. príncipe
4. sobre
5. triste
6. madre
7. acostumbrarse
8. brillante
9. broma
10. crecer
11. crudo
12. frenar
13. fruta
14. grano
15. grupo
16. prado
17. cifra
18. fibra
19. libre
20. mugre

Palabras avanzadas

abrasador
adiestrar
temprano
asombrar
hombro

Nombre ______________________________ Fecha ____________

Revisión de ortografía

Encuentra todas las palabras mal escritas y enciérralas en un círculo. Escríbelas correctamente en las líneas de abajo.

Jean-Pierre estaba muy alegre y ansioso por lo que iba a ocurrir al día siguiente: por primera vez visitaría Haití, el país donde nacieron sus padres y del cual tanto había escuchado hablar. Su abuela, a quien no había visto desde la Navidad de 2002, vivía en la ciudad de Puerto Principe, en una pequeña casa de ladrillo con un patio grande de casi medio acre, donde su madrre solía jugar de niña.

Al entrrar al avión, lo primero que notó fue el frío del aire acondicionado y el gesto amable de una de las azafatas. Después de unas horas, cuando el avión estaba a punto de aterrizar y empezaba a ferenar, Jean-Pierre se asomó por la ventanilla y observó con sus propios ojos la ovra devastadora del huracán Jeanne, que había arrasado al país hacía apenas un año, y había dado a la zona un aspecto dramático y tiriste.

Minutos más tarde, su abuelita lo esperaba con los brazos abiertos y una gran sonrisa. Ese verano sería el más emocionante de su vida. Estaba decidido a aprovechar al máximo su estadía y aprender lo más posible sorbe las costumbres del país que vio crrecer a su familia.

1. ______________ 5. ______________
2. ______________ 6. ______________
3. ______________ 7. ______________
4. ______________ 8. ______________

Palabras de ortografía

1. entrar
2. obra
3. príncipe
4. sobre
5. triste
6. madre
7. acostumbrarse
8. brillante
9. broma
10. crecer
11. crudo
12. frenar
13. fruta
14. grano
15. grupo
16. prado
17. cifra
18. fibra
19. libre
20. mugre

Palabras avanzadas

abrasador
adiestrar
temprano
asombrar
hombro

Nombre ______________________ Fecha __________

Guiones de diálogo en el discurso directo

Las palabras exactas que dicen los personajes en un cuento o historia se llaman **diálogo**. Estas palabras se indican con **guiones de diálogo** para distinguirlas del resto de la oración.

El guión de apertura se escribe junto a la primera palabra del personaje, sin dejar espacios de por medio. La primera palabra después de un guión de apertura se escribe con mayúscula. Si las palabras del narrador van antes de las palabras del personaje, se usan dos puntos.

—Ojalá viviéramos cerca de una biblioteca —dijo Arun.

Cristina dijo: —Tomaría prestados libros todos los días si fuera así.

Preguntas para reflexionar
¿Qué palabras indican que alguien está hablando? ¿Cuáles son las palabras exactas de esa persona?

Escribe cada oración correctamente. Usa mayúsculas cuando corresponda. Añade guiones de diálogo, dos puntos y otros signos de puntuación cuando sea necesario.

1. La biblioteca móvil llega hoy dijo Katie

____

2. Sam dijo yo nunca he visto una biblioteca móvil

____

3. Es un autobús grande que les lleva libros a las personas dijo Katie

____

4. Sam dijo vamos a visitar la biblioteca móvil esta tarde

____

Nombre ______________________ Fecha __________

Mi bibliotecario es un camello

Gramática:
Guiones de diálogo

Interrupciones en el diálogo

A veces, las palabras que dicen quién habla están en el medio de las palabras que dice el personaje.

Si después del comentario del narrador, el personaje continúa hablando, se usa un guión de cierre después de la última palabra del personaje. La puntuación necesaria se coloca después del guión. La segunda parte de lo que dice comienza con mayúscula.

Ejemplo:

—Yo viví cerca del Polo Norte —dijo Papá—. No había bibliotecas cerca.

Preguntas para reflexionar
¿La cita está dividida en dos partes? ¿Dónde van los signos de puntuación?

Escribe las líneas del diálogo correctamente.

1. yo leo constantemente exclamó Ana por eso me gusta tener muchos libros

____

2. algunas personas no tienen tanta suerte dijo la Sra. Owens viven lejos de la biblioteca

____

3. cómo consiguen libros preguntó Ana a todos les gusta leer

____

4. algunas personas reciben libros por avión dijo la Sra. Owens otros los reciben por barco

____

Nombre ____________________ Fecha __________

Citas de un texto

Una **cita** son las palabras exactas que dice alguien. Se usan comillas antes y después de una cita. Si hay un punto o coma al final de una cita, debe ir fuera de las comillas.

Para un informe, es posible que uses una cita de un texto. El libro o autor de donde sale la cita se llama la fuente. Asegúrate de incluir la fuente. Asegúrate de usar las palabras exactas de la fuente.

Texto original: Los camellos se conocen por su capacidad de sobrevivir largos períodos de tiempo sin agua.

Fuente: *Enciclopedia de los mamíferos*

Cita del texto: Según la *Enciclopedia de los mamíferos*, "Los camellos se conocen por su capacidad de sobrevivir largos períodos de tiempo sin agua".

Preguntas para reflexionar
¿Cuáles son las palabras exactas del autor? ¿Dónde debo colocar los signos de puntuación?

Escribe oraciones en las que cites las fuentes de abajo. Usa las comillas correctamente.

1. Cita: Los camellos han ayudado a las personas durante siglos.

Fuente: *Cómo colaboran los animales y las personas*

____

____

2. Cita: En África, los camellos son un medio de transporte importante.

Fuente: el autor James Silter

____

____

Nombre ____________________ Fecha __________

Mi bibliotecario es un camello
Gramática: Repaso frecuente

Sujetos y predicados compuestos

Cuando una oración habla de dos o más personas o cosas, es una oración con **sujeto compuesto**. Cuando una oración habla de dos o más cosas que el sujeto hace, es una oración con **predicado compuesto**. La palabra y se usa para unir los sujetos y los predicados compuestos.

sujeto compuesto
Mi mamá **y** yo vamos a la biblioteca los sábados.

predicado compuesto
Mamá leerá un libro **y** escuchará música para descansar.

Pregunta para reflexionar
¿Qué palabra se usa para unir los sujetos compuestos y los predicados compuestos?

Subraya el sujeto compuesto y encierra en un círculo el predicado compuesto de las siguientes oraciones.

1. Los libros de aventuras y los libros de ciencia ficción son mis preferidos.
2. Mi hermano va a la biblioteca y pasa horas leyendo.
3. La biblioteca es grande y tiene muchos libros.
4. La maestra y sus estudiantes buscan libros de arte para un proyecto.
5. Arturo y Melissa fueron a sacar un libro a la biblioteca.

Nombre ______________________ Fecha __________

Fluidez de las oraciones

Cuando edites lo que escribas, verifica que hayas usado correctamente las mayúsculas y la puntuación en los diálogos. Además, haz que tus escritos sean más vívidos y precisos utilizando distintas palabras para *dijo* en las palabras que digan quién está hablando, como *dijo Terry.*

Diálogo con *dijo*	**Palabra más exacta para *dijo***
—Tal vez Lassie pueda llevar los libros a casa cargados al lomo —dijo Terry.	—Tal vez Lassie pueda llevar los libros a casa cargados al lomo —bromeó Terry.

Reescribe cada oración. Añade mayúsculas y puntuación. Sustituye *dijo* con una palabra más exacta. Escribe la nueva oración en la línea.

1. nuestra nueva biblioteca es genial dijo Raúl

____

2. cuál es la historia de las bibliotecas dijo María

____

3. las bibliotecas públicas no han existido durante tanto tiempo dijo la Sra. Chávez

____

____

4. los primeros pueblos en Estados Unidos tenían bibliotecas dijo la Sra. Chávez pero costaba dinero tomar libros prestados

____

____

5. Lucy dijo me alegro de que podamos tomar libros prestados gratis ahora

____

6. las bibliotecas públicas son un gran recurso dijo la Sra. Chávez

____

Nombre ______________________ Fecha __________

Mi bibliotecario es un camello
Escritura: Escritura narrativa

Punto de enfoque: Voz

Diálogo natural

Diálogo débil	Diálogo natural
—Me agrada mucho este libro.	—¡Me fascina este libro!

1 a 2. Lee cada diálogo. Reescribe las palabras subrayadas para que suene más natural.

1. —Te va a agradar este libro porque tiene muchos personajes interesantes.	________ este libro porque tiene __________ personajes ________.
2. —Podemos consultar a la bibliotecaria para que nos recomiende materiales de lectura apropiados para nuestro club.	____________ a la bibliotecaria ____________ para nuestro club.

3 a 5. Lee cada línea del diálogo. Reescríbela para que suene más natural.

En parejas/Para compartir **Trabaja junto con un compañero para generar palabras para los diálogos.**

3. —Una intimidante historia de misterio puede ser una opción popular.	
4. —No deberían tener inconvenientes para ubicar los títulos de actualidad en Internet.	
5. —Podemos seleccionar los libros en base a las recomendaciones de los miembros.	

Nombre ______________________ Fecha __________

¡El valor de L.E.A!

¡Llamado a actores!

Imagina que eres el director de la obra *¡El valor de L.E.A!* Te gustaría ayudar a la actriz que interpreta a Ileana a entender mejor el personaje. Completa la actividad para escribir una descripción que ayude a la actriz a comprender su papel.

Lee la pág. 113. ¿Qué línea de diálogo de la página muestra que Ileana está comprometida a ayudar a salvar el programa L.E.A?

___

___

___

¿Cuál es acotación para Ileana de la pág. 116? ¿Qué te dice la acotación sobre cómo se siente Ileana al pedirle al tío Carlos un favor?

___

___

___

¿Qué puedes inferir sobre el carácter de Ileana a partir de sus palabras y de la acotación? ¿Cómo te ayuda a comprender el tema de la obra?

___

___

___

Nombre ______________________ Fecha ____________

¡El valor de L.E.A!
Lectura independiente

Eres el director de la obra y estás ayudando a la actriz que interpreta a Ileana. Escribe una descripción del personaje para entregar a la actriz. Asegúrate de explicar cómo Ileana contribuye al tema de la obra.

Nombre ______________________ Fecha __________

Prefijos *dis-* y *mal-*

disgusto	dislocó	malentendido
disparejo	malhumorado	malpensado
disculpa	malinterpreta	maltratar

Lee cada oración. Completa la oración con una de las palabras del recuadro.

1. Juan tuvo un accidente y se __________ el hombro.
2. Me puso __________ que cancelaran mi programa favorito de la televisión.
3. Nunca se debe __________ a un animal.
4. Le pedí una __________ a mi hermana por haber tomado sus lápices sin pedirle permiso.
5. En una discusión, a veces se __________ lo que dice la otra persona.
6. Lucas es muy __________, siempre toma las cosas por el lado que no es.
7. Hubo un __________ cuando hicimos el pedido y nos trajeron un sofá blanco en lugar de un banco.
8. El cabello de mi hermano está __________. Tiene que ir a la peluquería a que se lo arreglen.
9. Mamá se llevó un gran __________ cuando descubrió que nuestro perro había destrozado el sofá nuevo.

Nombre ______________________ Fecha __________

¡El valor de L.E.A.!
Ortografía:
Combinaciones con *l*

Palabras: Combinaciones con *l*

Palabras básicas 1 a 10. Escribe la Palabra básica que completa cada analogía.

1. Pelo es a oso como __________ es a pavo real.
2. Día es a mes como año es a __________.
3. Aullar es a lobo como __________ es a hombre.
4. Agua es a piscina como aire es a __________.
5. __________ es a imposible como largo es a corto.
6. Alto es a bajo como __________ es a gordo.
7. __________ es a libros como casa es a personas.
8. __________ es a torso como pantalones es a piernas.
9. Temible es a temor como __________ es a nobleza.
10. Pétalos es a __________ como dedos es a mano.
11. Salto es a saltar como soplo es a __________.
12. Serrucho es a carpintero como __________ es a soldado.

Palabras avanzadas 13 a 14. En una hoja aparte, escribe un párrafo en el que cuentes acerca de un viaje en barco a otro país. Describe tu experiencia en el océano. Usa dos Palabras avanzadas.

Palabras de ortografía

1. posible
2. club
3. globo
4. pluma
5. hablar
6. roble
7. soplar
8. blusa
9. flaco
10. plano
11. bucle
12. noble
13. sable
14. tabla
15. clavar
16. flor
17. biblioteca
18. doble
19. regla
20. siglo

Palabras avanzadas

aceptable
admirable
amablemente
despoblado
niebla

Nombre ______________________ Fecha __________

¡El valor de L.E.A.!
Ortografía:
Combinaciones con *l*

Clasificar palabras de ortografía

Escribe cada Palabra básica junto a la descripción correcta.

palabras con *bl, cl*	Palabras básicas:
	Palabras avanzadas:
	Palabras posibles:
palabras con *fl, gl*	Palabras básicas:
	Palabras posibles:
palabras con *pl*	Palabras básicas:
	Palabras posibles:

Palabras avanzadas Agrega las Palabras avanzadas en tu tabla para clasificar palabras.

Conectar con la lectura Vuelve a revisar ¡*El valor de L.E.A.!* Encuentra palabras con *bl, cl, fl, gl* o *pl* y clasifícalas en la tabla de arriba.

Palabras de ortografía

1. posible
2. club
3. globo
4. pluma
5. hablar
6. roble
7. soplar
8. blusa
9. flaco
10. plano
11. bucle
12. noble
13. sable
14. tabla
15. clavar
16. flor
17. biblioteca
18. doble
19. regla
20. siglo

Palabras avanzadas

aceptable
admirable
amablemente
despoblado
niebla

Nombre ______________________ Fecha __________

¡El valor de L.E.A.!
Ortografía:
Combinaciones con *l*

Revisión de ortografía

Encuentra todas las palabras mal escritas y enciérralas en un círculo. Escríbelas correctamente en las líneas de abajo.

Era un típico invierno blanco. La nieve, fría y seca, cubría implacable la pradera, y el viento helado zumbaba con una cadencia terrible al sopliar entre los árboles. Avonaco, que en su idioma nativo cheyene significa "oso falco", se deslizaba ágilmente entre los tupidos abetos, dejando atrás sólo sus huellas. Sobre su cabeza llevaba una pequeña corona que tenía una puluma que años atrás había pertenecido al plumaje de un águila.

Al llegar a un claro desplobado se sentó a descansar junto a un tronco petrificado de rolbe, cuyo centro había sucumbido al avance de cada siglio y la erosión, y la cavidad formada en su seno servía ahora como resguardo para un grupo de flores amarillas. Amabelmente, Avonaco tomó una flior y la contempló. Se sintió identificado con ella, ya que él también debía valerse de lo que la naturaleza le brindaba para poder sobrellevar la inclemencia del invierno.

1. ______________________ 5. ______________________

2. ______________________ 6. ______________________

3. ______________________ 7. ______________________

4. ______________________ 8. ______________________

Palabras de ortografía

1. posible
2. club
3. globo
4. pluma
5. hablar
6. roble
7. soplar
8. blusa
9. flaco
10. plano
11. bucle
12. noble
13. sable
14. tabla
15. clavar
16. flor
17. biblioteca
18. doble
19. regla
20. siglo

Palabras avanzadas

aceptable
admirable
amablemente
despoblado
niebla

Nombre ______________________ Fecha __________

Fragmentos de oraciones

Una oración debe tener un sujeto y un predicado para expresar un pensamiento completo. A un **fragmento de oración** le falta el sujeto, el predicado, o a veces ambas partes.

Fragmento

A recaudar dinero para el equipo de fútbol.

Pregunta para reflexionar

¿Este grupo de palabras tiene un sujeto que dice de quién o de qué se trata la oración y un predicado que dice qué le sucede al sujeto o algo sobre él?

1 a 4. Escribe *oración* si el grupo de palabras es una oración. Escribe *fragmento* si el grupo de palabras no es una oración.

1. Todos juntamos dinero para nuestro equipo. ______________
2. Un parque de atracciones para niños pequeños. ______________
3. Todo el equipo participó. ______________
4. Actividades en toda la cancha de fútbol. ______________

5 a 8. Escribe *sujeto* si al fragmento le falta la parte de la oración que dice *quién* o *qué*. Escribe *predicado* si al fragmento le falta la parte de la oración que dice *qué sucede* o *qué es*.

5. Lanzar saquitos a la boca de un payaso de cartón.

   ____

6. Un miembro del equipo con un disfraz de oso polar.

   ____

7. Posar para una fotografía con el oso. ______________
8. Unos niños maquillados de payasos. ______________

Nombre ________________ Fecha ________

Oraciones seguidas

¡El valor de L.E.A!
Gramática: Fragmentos de oraciones y oraciones seguidas

Las **oraciones seguidas** son oraciones que tienen dos pensamientos completos juntos sin puntuación ni conjunción que los una. Para corregir oraciones seguidas, escribe cada pensamiento completo como una oración aparte.

oraciones seguidas: Todos trabajaron juntos el proyecto fue un éxito.

oraciones seguidas: Todos trabajaron juntos, el proyecto fue un éxito.

oraciones correctas: Todos trabajaron juntos. El proyecto fue un éxito.

Preguntas para reflexionar
¿Hay dos pensamientos completos? ¿Tiene sujeto y predicado cada pensamiento?

Escribe *seguidas* si la oración contiene oraciones seguidas. Escribe *correcta* si la oración no contiene oraciones seguidas. Si son oraciones seguidas, traza una línea entre los dos pensamientos completos.

1. Queríamos recaudar dinero, nuestra clase necesitaba una computadora nueva. ________
2. Algunas personas sugirieron una venta de galleta otras querían una feria de artesanías. ________
3. La clase eligió la feria de artesanías. ________
4. Un grupo hizo portarretratos, otro hizo cestos. ________
5. Algunos padres también ayudaron hicieron porta velas. ________
6. Vendimos nuestras artesanías a los padres y a estudiantes de otros grados. ________

Nombre ______________________ Fecha __________

Escribir oraciones completas

¡El valor de L.E.A!
Gramática: Fragmentos de oraciones y oraciones seguidas

Para convertir un fragmento de oración en una oración completa, primero identifica qué información falta. Luego, escribe una nueva oración.

fragmento
Trabajar oración juntos en un proyecto.

oración completa
Los estudiantes de nuestra escuela trabajaron juntos en un proyecto.

oraciones seguidas
Nosotros recaudamos dinero todos se divirtieron.

oraciones completas
Nosotros recaudamos dinero. Todos se divirtieron.
Nosotros recaudamos dinero y todos se divirtieron.

Preguntas para reflexionar
¿Qué información falta del fragmento? ¿Cómo puedo corregir las oraciones seguidas?

1 a 3. Convierte cada fragmento en una oración completa.

1. Recaudar dinero para un patio nuevo.
____

2. Apoyar a los niños de su comunidad.
____

3. Todas las clases de la escuela.
____

4 a 6. Escribe de nuevo las oraciones de forma correcta.

4. Hicimos una feria vendimos comida de muchos países.
____

5. Un puesto vendió tacos, otro vendió pizza.
____

6. Fue un éxito, lo volveremos a hacer el año que viene.
____

Nombre ______________________ Fecha ____________

Escribir títulos

¡El valor de L.E.A!
Gramática: Fragmentos de oraciones y oraciones seguidas

Cuando escribas un título, usa mayúscula en:

- la primera palabra del título
- los sustantivos propios del título
- las abreviaturas de los títulos de las personas, como Sra. o Dr.

1 a 4. Escriba cada título correctamente en el espacio que sigue.

1. "el poder de una Comunidad"

____

2. diccionario de la lengua Española

____

3. guía para el Voluntario

____

4. "cómo Salvaron a l.e.a"

____

5 a 6. Escribe cada oración correctamente en el espacio que sigue.

5. La bibliotecaria, la sra. Rivera, nos ayudó a encontrar la revista.

____

6. Dani leyó un artículo sobre peces llamado "cómo alimentar a tu pez dorado".

____

Nombre ______________________ Fecha ____________

¡El valor de L.E.A!
Gramática:
Relacionar con la escritura

Fluidez de las oraciones

Cuando edites tu escritura, asegúrate de corregir todos los fragmentos de oraciones y las oraciones seguidas. Muchos escritores con experiencia hacen que su escritura sea fluida variando la longitud de las oraciones.

Para lograr variedad, combina dos oraciones cortas relacionadas insertando una conjunción entre ellas. Las palabras *y, pero* y *así que* son conjunciones.

Dora se subió a la bicicleta. Anduvo por la calle.

Dora se subió a la bicicleta y anduvo por la calle.

1 a 5. Combina cada par de oraciones usando una conjunción. Usa *y*, *pero* o *así que*.

1. Participamos en el club de servicio de la escuela. Buscamos formas de ayudar a las personas.

   ____

2. Olivia estuvo enferma hoy. Le llevamos la tarea a casa después de la escuela.

   ____

3. Todos los años, nuestra clase hace un proyecto para ayudar a la comunidad. Este año no será la excepción.

   ____

4. Gary llamó a sus amigos para que lo ayudaran. Estaban en la práctica de fútbol.

   ____

5. Papá cocina la cena todas las noches. Bridget cuida a su hermana menor.

   ____

Nombre ______________________ Fecha __________

¡El valor de L.E.A.!
Escritura: Escritura narrativa

Punto de enfoque: Ideas

Por qué pasan los sucesos y las acciones

Los buenos escritores dicen o sugieren por qué pasan los sucesos y por qué los personajes se comportan de la manera en que lo hacen. La trama ayuda a dirigir las acciones de los personajes. La trama tiene un comienzo, un desarrollo y un final.

Suceso o acción de le trama	Razón
El programa Libros en autobús está en su última semana.	La biblioteca ya no tiene más fondos para pagar la gasolina y comprar libros.

Lee cada suceso o acción de *¡El valor de L.E.A.!* Luego da la razón por la que sucedió.

Suceso o acción de la trama	Razón
1. Ileana, Shane y Jason deciden montar un negocio de lavado de carros.	
2. Ileana no acepta un donativo de su tío, el Sr. Díaz.	
3. Una camioneta de la televisión llega al lavado de carros.	
4. El lavado de carros resulta muy concurrido y los muchachos ganan dinero.	

Nombre ____________________ Fecha __________

Stormalong
Lectura independiente

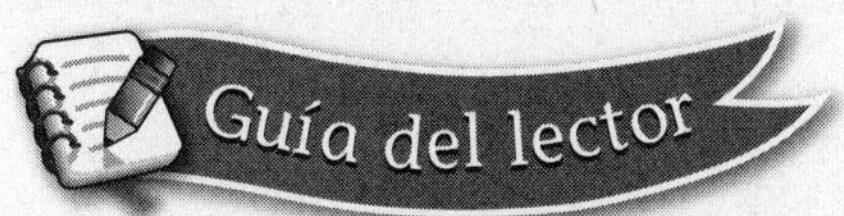

Stormalong

Postales a casa

Stormalong escribe postales a un amigo en Cape Cod contándole sus aventuras. Usa detalles del cuento para completar las postales que Stormalong escribe a casa.

Lee las págs. 140 a 142. Stormalong impresiona a la tripulación de *La señora del mar* cuando lucha contra un pulpo gigante. En la postal de Stormalong, incluye detalles del cuento que reflejen su punto de vista.

¡Hola!
Hoy luché contra un pulpo.

____
____
____
____
____

Stormalong

A continuación, lee la página 143. Ahora Stormalong escribe sobre su mudanza a Kansas. Escribe en primera persona como si fueras Stormalong para explicar por qué te mudas.

¡Hola!
____
____
____
____
____
____
____

Stormalong

Nombre ______________________ Fecha __________

Finalmente, lee sobre el problema de Stormalong en el canal de La Mancha en las págs. 149 a 151. ¿Qué sucedió? ¿Cómo se siente Stormalong al respecto? Escribe otra postal.

¡Hola!

Stormalong

Piensa en el final del cuento. ¿Qué puedes inferir sobre cómo se siente Stormalong? Explica cómo se siente y por qué. Usa tus propias palabras.

Nombre ______________________ Fecha ____________

Materiales de referencia

anhelo. *s.* deseo
condición *s.* estado en que se encuentra algo
desaparecer *v.* dejar de ser visible o aparente
escabullir *v.* desaparecer con facilidad
escasez *s.* poco, insuficiente
horrorizado *adj.* espantado por el horror
marinero *s.* hombre que trabaja en un barco

1 a 4. Elige palabras del ejemplo de las entradas del diccionario para completar las oraciones.

1. Después de navegar, el __________ regresa satisfecho por el trabajo realizado.
2. El barco se encuentra en una __________ desastrosa.
3. El mayor __________ de un navegante es regresar al mar.
4. El barco podía __________ en el horizonte.

5 a 7. Redacta una oración con cada una de las palabras dadas. Puedes consultar un diccionario para verificar los significados.

5. memorable

____

6. ola

____

7. traicionar

____

Nombre ____________________ Fecha __________

Sílabas cerradas con *m*, *n*

Palabras básicas 1 a 10. Escribe la Palabra básica que complete mejor cada oración.

1. Mi abuelo ______________ todas las noches.
2. Nos sentamos a descansar en el ______________ del parque.
3. A papá se le acabó la ______________ de su bolígrafo.
4. Voy a empezar las clases de ______________.
5. Jaime y su papá ______________ la colección de gorras en un baúl.
6. Pedro ______________ las clases de pintura.
7. El marinero ______________ canciones sobre el mar mientras navegaba su barco.
8. Para Luisa es muy ______________ compartir sus juguetes con su hermanita.
9. Las sillas de mi abuela están hechas de ______________.
10. Hace mucho ______________ que no veo a mis primos.

Palabras avanzadas 11 a 14. En una hoja aparte, escribe un artículo corto para tu escuela sobre la idea de hacer una venta de libros para ayudar a recaudar dinero para los equipos nuevos del patio de juegos. Usa cuatro Palabras avanzadas.

Palabras de ortografía

1. comienzos
2. impacto
3. ronca
4. metieron
5. llámenlo
6. comenzó
7. cantaba
8. tanta
9. tiempo
10. banco
11. danza
12. junto
13. nunca
14. bambú
15. himno
16. abandonar
17. ablandar
18. importante
19. convertirse
20. tinta

Palabras avanzadas

innumerables
arrinconar
baldosín
acantilado
estampar

Nombre ______________________ Fecha ____________

Stormalong
Ortografía:
Sílabas cerradas con *m*, *n*

Clasificar palabras de ortografía

Escribe cada Palabra básica junto a la descripción correcta.

palabras con *m* delante de *p*	**Palabras básicas:** **Palabras avanzadas:**
palabras con *m* delante de *b*	**Palabras básicas:**
palabras con *n* delante de *v*	**Palabras básicas:**
palabras con *mn* y con *nn*	**Palabras básicas:** **Palabras avanzadas:**

Palabras avanzadas Agrega las Palabras avanzadas a tu tabla para clasificar palabras.

Conectar con la lectura Vuelve a revisar ***Stormalong*.** Encuentra siete palabras que tengan sílabas cerradas con *m*, *n* y clasifícalas en la tabla de arriba.

Palabras de ortografía

1. comienzos
2. impacto
3. ronca
4. metieron
5. llámenlo
6. comenzó
7. cantaba
8. tanta
9. tiempo
10. banco
11. danza
12. junto
13. nunca
14. bambú
15. himno
16. abandonar
17. ablandar
18. importante
19. convertirse
20. tinta

Palabras avanzadas

innumerables
arrinconar
baldosín
acantilado
estampar

Revisión de ortografía

Stormalong
Ortografía:
Sílabas cerradas con *m, n*

Encuentra todas las palabras mal escritas y enciérralas en un círculo. Escríbelas correctamente en las líneas de abajo.

Sentado en una silla de banbú, el marinero observa el inpresionante mar con atención, mientras las olas golpean el acamtilado. Un aroma exquisito parece damzar por la cubierta. Es el olor del pan caliente que viene desde la cocina del barco, de donde también salen imnumerables aromas que traen tamta nostalgia.

El hombre quiere compartir con las gaviotas su pedazo de pan, mientras el barco, con sus noventa años, se mueve empujado por las fuertes olas y, con cada crujir de sus maderas, parece que romca en cada movimiento.

Hace mal tienpo. Va a empezar a llover. Es inportante confirmar que todo esté en orden en la cubierta. El invierno ya llega a su fin y comiemza la temporada de las fuertes lluvias en el mar. La familia del marinero vive en el campo, jumto a un hermoso lago. Quizás regrese pronto a casa a acompañar a su padre, con la esperanza de cantar juntos el hinmo del gran marinero. Ambos son muy buenos amigos.

1. ______________ 7. ______________
2. ______________ 8. ______________
3. ______________ 9. ______________
4. ______________ 10. ______________
5. ______________ 11. ______________
6. ______________ 12. ______________

Palabras de ortografía

1. comienzos
2. impacto
3. ronca
4. metieron
5. llámenlo
6. comenzó
7. cantaba
8. tanta
9. tiempo
10. banco
11. danza
12. junto
13. nunca
14. bambú
15. himno
16. abandonar
17. ablandar
18. importante
19. convertirse
20. tinta

Palabras avanzadas

innumerables
arrinconar
baldosín
acantilado
estampar

Nombre ______________________ Fecha ____________

Uso de mayúsculas para sucesos y documentos históricos

Los **sustantivos propios** siempre se escriben con mayúscula. Los sustantivos propios son palabras que nombran a una persona, un lugar o una cosa en particular. Los nombres de sucesos y documentos históricos importantes son sustantivos propios y se escriben con mayúscula.

una guerra la Guerra de Independencia

un documento la Declaración de Independencia

Recuerda que las palabras cortas como *y*, *de* y *el* no van con mayúscula.

Pregunta para reflexionar
¿Cuáles son las palabras que nombran un suceso o un documento en particular?

Escribe correctamente estas oraciones. Añade mayúsculas donde sea necesario.

1. Después de la guerra de 1812, muchos pioneros se fueron al oeste.

____

2. Grandes veleros se usaron durante la fiebre del oro en california.

____

3. Los grandes veleros dejaron de usarse después de la guerra civil.

____

4. Lincoln firmó la proclamación de emancipación durante la guerra.

____

Nombre ______________________ Fecha __________

Stormalong
Gramática: Sustantivos propios

Uso de mayúsculas para los títulos

Los títulos de libros, cuentos y ensayos son sustantivos propios y deben comenzar con mayúscula. Las demás palabras no se escriben con mayúscula, a menos que sean un nombre propio.

libro *Cuentos de Pecos Bill*
cuento *"El viejo Stormalong y el pulpo"*

Recuerda que los títulos de capítulos de libros, cuentos y ensayos se escriben entre comillas.

Pregunta para reflexionar
¿Cuáles son las palabras que forman parte de un título?

Escribe correctamente estas oraciones. Añade mayúsculas donde sea necesario. Asegúrate de subrayar los títulos de libros.

1. ¿Hay un cuento sobre Stormalong en el libro cuentos fantasiosos estadounidenses?

   ____

2. El cuento "cinco leguas de altura" es sobre Stormy.

   ____

3. Escribí un ensayo para la clase llamado "por qué nos gustan los cuentos fantasiosos".

   ____

4. Me encantó el cuento "paul bunyan, el leñador gigante".

   ____

Nombre ______________________ Fecha __________

Uso de mayúsculas para los nombres de personas, estados y países

Los nombres de personas, estados y países son **sustantivos propios**. Siempre se escriben con mayúscula.

personas	Alfred Bulltop Stormalong, Paul Bunyan
estados	Texas, Florida, California
países	Canadá, España, Chile, Arabia Saudita

Pregunta para reflexionar
¿Cuáles son las palabras que nombran una persona, un estado o un país?

1 a 4. Escribe correctamente estas oraciones. Añade mayúsculas donde sea necesario.

1. Los marineros que viajaban a china no hablaban el idioma.

 ____

2. ¿maría y guillermo saben por qué los veleros navegaban hasta la india?

 ____

3. Stormy atravesó los bosques de pensilvania y los pinares de nueva jersey.

 ____

4. ana leyó un cuento fantasioso sobre john henry.

 ____

Escribir diálogos

Escribe con mayúscula la primera palabra de un diálogo. Si las palabras exactas van después de las palabras del narrador, escribe dos puntos y deja un espacio antes de la primera raya de diálogo.

El amigo de Stormy dijo: —Te has convertido en la atracción principal de Cape Cod, Stormy.

Stormy respondió: —El mar es mi mejor amigo.

1 a 4. Escribe correctamente estas oraciones. Añade dos puntos, mayúsculas y guiones de diálogo donde sea necesario.

1. El capitán gritó ¡suban el ancla!

____

2. Stormy dijo: La vida del marinero es la única vida para mí

____

3. Un marinero preguntó –dónde te vas a quedar a vivir, Stormy

____

4. El primer oficial exclamó tenemos que volver

____

Elección de palabras

Sustantivos menos exactos	Sustantivos más exactos
Los niños se apuntaron en un paseo por el río.	Los campistas se apuntaron en un paseo por el río Rubio.

1 a 8. Reescribe cada oración. Cambia las palabras subrayadas por sustantivos exactos.

1. Este verano, unos niños y yo vamos a un campamento de vela.

   ____

2. Esperamos cosas muy emocionantes.

   ____

3. Navegar en el agua es un verdadero reto.

   ____

4. El aire de la madrugada es helado, así que todo el mundo lleva ropa de abrigo.

   ____

5. De vez en cuando, alguien divisa animales en el mar abierto.

   ____

6. Una mañana, un niño vio un delfín y su cría que nadaban en el área.

   ____

7. Navegar conlleva mucho trabajo.

   ____

8. Al mediodía, agarramos un viento fuerte y nos dirigimos a la costa.

   ____

Nombre ______________________ Fecha ____________

Stormalong
Escritura: Escritura narrativa

Punto de enfoque: Organización

Comenzar un cuento

A. Identifica el personaje y el entorno al comienzo del cuento. Luego haz una predicción sobre cuál podría ser el problema de la historia.

1. Sui Li bajó las escaleras sigilosamente. Abrió la puerta del sótano y entró. Olía a polvo y humedad. La linterna alumbraba. La puerta se cerró detrás de ella.

Personaje: ______________________

Entorno: ______________________

Problema de la historia: ______________________

B. Lee el comienzo de cada cuento. Luego escribe oraciones para introducir el problema de la historia.

2. Las olas golpeaban contra el borde del barco, más y más fuerte. El padre de Tomás dijo: —¡Miren qué oscuro se está poniendo el cielo!

____

____

____

3. La cueva parecía medir muchas millas de ancho. Ana miraba asombrada las extrañas formaciones rocosas.

____

____

____

4. Juan miró en ambas direcciones por la calle vacía. Gritó en el silencio: —¿Hay alguien por ahí?

____

____

____

Nombre ______________________ Fecha __________

Invasión de Marte

PROGRAMA DE UNA OBRA DE TEATRO

El programa de una obra de teatro es un folleto que incluye, entre otras cosas, un resumen de la trama para atraer a los espectadores. Responde a las siguientes preguntas para escribir el resumen de la trama para el programa de la obra *Invasión de Marte.*

¿Cuándo y dónde sucede la historia?

____

¿Quién relata la historia?

____

Enumera los tres sucesos principales de la trama.

- ____
- ____
- ____

Cuando el extraterrestre sale del objeto, ¿cómo se siente el público? Busca las acotaciones en la página 183, donde se da esta información.

____

¿Por qué la narración del suceso que hace el personaje de Phillips te sirve para comprender el suceso?

____

____

Nombre _______________________ Fecha ___________

Invasión de Marte
Lectura independiente

Escribe el resumen de la obra de teatro para el programa con la información que reuniste en la página anterior. Asegúrate de incluir el ambiente, los personajes y sucesos principales, ¡pero no reveles las partes más emocionantes! Tienes que lograr que el público quiera ver la obra para descubrir más.

INVASIÓN DE MARTE
RESUMEN DE LA TRAMA

____
____
____
____
____
____
____
____
____
____
____
____
____
____
____
____

PROGRAMA

INVASIÓN DE MARTE

Nombre ______________________ Fecha ____________

Sufijos *-oso, -osa*

boscoso	barroso	majestuosa
voluntariosa	graciosa	venenosa
resbaloso	peligroso	porosa

Completa las oraciones con las palabras de arriba.

1. El palacio está rodeado de un terreno ________________.
2. La princesa es muy ________________ y ayuda a otras personas.
3. La serpiente que hallaron en el jardín del palacio es muy ________________.
4. El camino que conduce al castillo es ________________ porque está cubierto de barro y agua.
5. El guerrero se niega a cruzar el río porque es muy ________________ a causa de las corrientes.
6. Después de la erupción del volcán, el niño halló una roca muy ________________.
7. El valiente soldado pudo rescatar a la ________________ princesa de su prisión.
8. La niña es muy ________________ y simpática.

Nombre ______________________ Fecha __________

Invasión de Marte
Ortografía:
Plurales con *-ces*

Plurales con *-ces*

Palabras básicas 1 a 12. Lee los párrafos. Escribe las Palabras básicas que completen mejor las oraciones.

Era una tarde de primavera. Los niños estaban muy (1) _____ organizando un baile de (2) _____. Diana y Luisa eligieron disfrazarse de (3) _____. En cambio, Marcos y Julián decidieron disfrazarse de dragones (4) _____ y feroces.

Al llegar la noche, las (5) _____ del palacio se encendieron. Con sus cachetes y (6) _____ rojos por la emoción, corrían (7) _____ por el salón donde a (8) _____ cenaba la princesa del palacio. Al terminar el baile, los niños hicieron dibujos con (9) _____ de divertidos colores. Dibujaron (10) _____ de mar y (11) _____ con plumas brillantes.

Los niños premiaron el mejor dibujo con un delicioso bocadillo de (12) _____.

1. ____________ **7.** ____________

2. ____________ **8.** ____________

3. ____________ **9.** ____________

4. ____________ **10.** ____________

5. ____________ **11.** ____________

6. ____________ **12.** ____________

Palabras avanzadas 13 y 14. En una hoja aparte, escribe dos oraciones que hablen sobre los empleos que la gente puede tener. Usa tres Palabras avanzadas.

Palabras de ortografía

1. veloces
2. codornices
3. dobleces
4. lápices
5. matices
6. paces
7. tenaces
8. aprendices
9. cruces
10. felices
11. lombrices
12. narices
13. peces
14. veces
15. capaces
16. disfraces
17. jueces
18. luces
19. nueces
20. perdices

Palabras avanzadas

audaces
eficaces
estrecheces
fugaces
incapaces

Nombre ____________________ Fecha __________

Plurales con *-ces*

Invasión de Marte
Ortografía: Plurales con *-ces*

Escribe el plural de cada palabra junto a la descripción correcta.

Plural de las palabras terminadas en *z*	**Palabras básicas** **feliz:** **lápiz:** **matiz:** **nariz:** **juez:** **paz:** **veloz:** **nuez:** **perdiz:** **tenaz:** **capaz:** **lombriz:** **aprendiz:** **doblez:** **pez:** **vez:** **disfraz:** **cruz:** **luz:** **codorniz:** **Palabras avanzadas** **estrechez:** **audaz:** **incapaz:** **eficaz:** **fugaz:**
Plural de las palabras terminadas en *-y*	**Palabras posibles:**

Palabras de ortografía

1. veloces
2. codornices
3. dobleces
4. lápices
5. matices
6. paces
7. tenaces
8. aprendices
9. cruces
10. felices
11. lombrices
12. narices
13. peces
14. veces
15. capaces
16. disfraces
17. jueces
18. luces
19. nueces
20. perdices

Palabras avanzadas

audaces
eficaces
estrecheces
fugaces
incapaces

Palabras avanzadas **Escribe el singular de las Palabras avanzadas en tu tabla para clasificar palabras.**

Conectar con la lectura **Vuelve a revisar *Invasión de Marte*. Halla palabras terminadas en *z* y escribe su plural junto a la descripción correcta.**

Nombre ______________________ Fecha ____________

Revisión de ortografía

Encuentra las palabras mal escritas y enciérralas en un círculo. Escríbelas correctamente en las líneas de abajo.

La princesa y la reina caminan felises por los jardines del palacio, llenos de flores y matizes de hermosos colores. La niña se entretiene juntando raíces y lonbrices debajo de las piedras, mientras su madre observa las perdises que se esconden entre las flores del jardín. La princesa se detiene ante el estanque. Los pez de colores nadan a toda velocidad, como estrellas fugases, esperando que la niña los alimente, como es su costumbre. Sonriente, la princesa les arroja un puñado de nueses, la comida favorita de sus peces.

Al oír las voces de los soldados veloses, los peces se esconden en el fondo del estanque. Muchas vezez, también se asustan con las luses del palacio.

La princesa no se aleja del castillo, sabe que en el bosque hay animales feroces, capasez de hacerle daño.

Por la tarde, la niña jugará con los disfrases que le regaló la reina.

1. ______________ 7. ______________
2. ______________ 8. ______________
3. ______________ 9. ______________
4. ______________ 10. ______________
5. ______________ 11. ______________
6. ______________ 12. ______________

Palabras de ortografía

1. veloces
2. codornices
3. dobleces
4. lápices
5. matices
6. paces
7. tenaces
8. aprendices
9. cruces
10. felices
11. lombrices
12. narices
13. peces
14. veces
15. capaces
16. disfraces
17. jueces
18. luces
19. nueces
20. perdices

Palabras avanzadas

audaces
eficaces
estrecheces
fugaces
incapaces

Nombre ______________________ Fecha __________

Verbos de acción

El **verbo de acción** es la palabra de la oración que expresa lo que hacen, hicieron o harán las personas o las cosas.

verbo de acción
Un objeto extraño aterriza cerca de la escuela.
Vino del cielo.

Pregunta para reflexionar
¿Cuál es la palabra que expresa lo que hace una persona o una cosa?

1 a 10. Escribe el verbo de acción de cada oración.

1. El objeto brilla como la luna. ______________
2. Los estudiantes miran el objeto con asombro. ______________
3. Una extraña criatura espía desde una ventana. ______________
4. El suceso comenzó temprano. ______________
5. Muchas personas oyeron un fuerte zumbido. ______________
6. Un rayo de luz plateado salió disparado hacia adelante. ______________
7. El objeto se eleva con un rugido. ______________
8. El objeto desaparece entre las nubes. ______________
9. Los estudiantes se miran entre sí con asombro. ______________
10. Todos regresan a sus tareas. ______________

Nombre ______________________ Fecha __________

Invasión de Marte
Gramática: Verbos

Verbos principales y verbos auxiliares

Algunos verbos tienen más de una palabra. El **verbo principal** es el verbo más importante. El **verbo auxiliar** siempre va delante del verbo principal.

verbo auxiliar **verbo principal**
Ryan está escribiendo un cuento de ciencia ficción.

Preguntas para reflexionar
¿Cuál es es el verbo más importante? ¿Cuál es el verbo que va adelante?

1 a 10. Escribe *VA* encima de cada verbo auxiliar. Escribe *VP* encima de cada verbo principal.

1. Ryan ha leído mucha ciencia ficción.
2. Ryan estaba pensando sobre sus cuentos favoritos.
3. Los cuentos han descrito galaxias lejanas.
4. Ryan ha imaginado un planeta extraño.
5. Ryan ha escrito sobre las criaturas del planeta.
6. Sus personajes están viajando hacia la Tierra.
7. Se han vestido con ropa de humanos.
8. Irán a visitar la ciudad de Nueva York.
9. Los extraterrestres están viviendo entre nosotros.
10. Sus amigos están escuchando el relato aterrorizados.

Nombre ______________________ Fecha __________

Verbos copulativos

Un **verbo copulativo** indica cómo está o cómo es alguien o algo. Es un verbo que conecta el sujeto con el predicado. Los verbos copulativos más usados son *ser*, *estar* y *parecer*.

verbo copulativo

El cuento de ciencia ficción es aterrorizador.

Pregunta para reflexionar

¿Cuál es es el verbo que indica cómo es o cómo está algo o alguien?

1 a 8. Subraya el verbo copulativo en las oraciones.

1. Los cuentos de ciencia ficción son mis favoritos.
2. Los relatos son muy creativos.
3. En uno de ellos, una criatura de Marte está perdida en la Tierra.
4. La criatura parece humana.
5. Un niño es amable con la criatura.
6. En poco tiempo, la criatura está cómoda en la casa del niño.
7. El marciano está triste en la Tierra y extraña su hogar.
8. El cuento parecía real en algunos aspectos.

Nombre ______________________ Fecha ____________

Oraciones completas

Invasión de Marte
Gramática: Repaso frecuente

Una oración completa expresa un pensamiento completo. Tiene un sujeto y un predicado. Para convertir un fragmento en una oración completa, primero identifica la información que falta. Después escribe la nueva oración.

Los personajes de la película.	Los personajes de la película ven una nave espacial.

Para corregir una oración seguida, escribe cada pensamiento completo como una oración independiente.

La nave apareció repentinamente aterrizó en un campo.	La nave apareció repentinamente. Aterrizó en un campo.

1 a 3. Convierte cada fragmento en una oración completa.

1. Atravesando el cielo.

____

2. La forma de las luces.

____

3. Quizá de un helicóptero o un avión.

____

4 a 6. Escribe las oraciones seguidas de forma correcta.

4. Las luces de arriba eran rojas las luces de la base eran amarillas.

____

5. Las luces iluminaban el parque las personas comenzaron a retroceder.

____

6. Luego las extrañas luces desaparecieron las luces de las calles también se apagaron.

____

Nombre ______________________ Fecha ____________

Elección de palabras

Verbo menos descriptivo	Verbo más descriptivo
Los científicos hicieron una nave para viajar a Venus.	Los científicos diseñaron una nave para viajar a Venus.

1 a 6. Reemplaza cada verbo subrayado con uno más descriptivo. Escribe la nueva oración en la línea.

1. Muchos astronautas pensaban en un viaje a Venus.

____

2. El cohete finalmente salió.

____

3. Viajó por el espacio a miles de millas por hora.

____

4. Sus costados de metal brillaban a la luz del sol.

____

5. El cohete pasó cerca de la Luna en pocas horas.

____

6. Muy pronto los astronautas caminarán por Venus.

____

Nombre ______________________ Fecha __________

Punto de enfoque: Ideas

Informe periodístico

Tu escritura quedará mejor si incluyes hechos relevantes y específicos, citas y otros detalles para expresar tus ideas.

Ideas generales, débiles	Detalles relevantes, específicos
Recientemente, un cometa se acercó a la Tierra. Algunos temían que pudiera chocar contra ella, pero los científicos dijeron que se partió y que no se acercará otra vez a la Tierra por muchos años.	Un cometa pasó a 22 millones de millas de la Tierra el 16 de octubre de 2011. "Se partió", dijo Don Yeomans de la NASA. Los restos del cometa no se acercarán a la Tierra otra vez hasta dentro de 12,000 años.

Escribe un párrafo en el que reportes la noticia de un asteroide ficticio que se acercó a la Tierra. Comienza con la oración principal que se muestra debajo e incluye los detalles más importantes y específicos de la lista de ideas. Agrega un detalle que saques de tu propia experiencia o conocimiento. Usa un lenguaje preciso para establecer los hechos.

Oración principal: El martes, un asteroide se acercó a la Tierra.

____

____

____

____

Ideas

1. Se llamó al asteroide 2427.
2. Se dijo que el asteroide no era peligroso.
3. El asteroide pasó a 500,000 millas de la Tierra.
4. Algunas personas se preocuparon a causa del asteroide.
5. Un asteroide puede haber chocado contra la Tierra y exterminado a los dinosaurios.
6. "Podemos proteger a la Tierra de los asteroides", dijo un astronauta famoso.

Nombre ______________________ Fecha __________

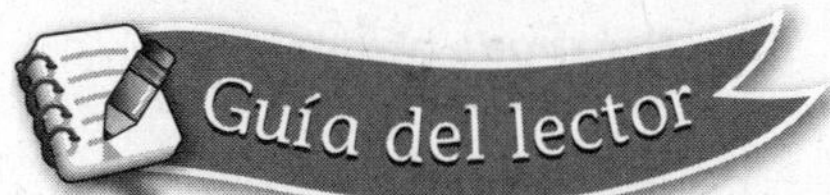

Próximas atracciones: Preguntas sobre cine

¿Pulgares hacia arriba o hacia abajo?

Vuelve a leer las páginas 204 a 208 de "Próximas atracciones: Preguntas sobre cine". Luego, responde a las siguientes preguntas.

Enumera tres opiniones que da el autor sobre las películas.

1. ____

2. ____

3. ____

Menciona un hecho con que el autor apoya cada una de las opiniones anteriores.

1. ____

2. ____

3. ____

Nombre ______________________ Fecha __________

Próximas atracciones: Preguntas sobre cine
Lectura independiente

Imagina que lees el artículo en Internet y quieres enviarle un correo electrónico al autor para decirle lo que opinas del artículo. Elige una opinión de la lista. ¿Piensas que el autor hizo un buen trabajo al apoyar su opinión con hechos? Dile al autor lo que piensas de su opinión. Asegúrate de apoyar tus opiniones con razones.

Mensaje nuevo

Para: **Frank W. Baker**

De:

Asunto: **Su artículo**

Nombre ______________________ Fecha __________

Partes de palabras griegas y latinas: *fon-, foto-, graf-, auto-, tele-*

autógrafo	autobiografía	automóvil	sinfonía
fotografía	teléfono	fotocopia	cinematógrafo

Lee las palabras del recuadro de arriba. Busca partes de palabras griegas y latinas que te ayuden a comprender el significado de cada palabra. Luego completa las siguientes oraciones con las palabras del recuadro.

1. La actriz firmó un ______________ para su admirador.
2. Usé el ______________ para llamar al cine y saber los horarios de las películas.
3. Mi mamá condujo el ______________ hasta el cine.
4. En el estreno de la película, usé mi cámara para tomar una ______________ de los actores.
5. El director de la película escribió una ______________ sobre su vida.
6. El ______________ ganó un premio por su técnica de filmación.
7. El tema musical de la película era una ______________ de un autor famoso.
8. Voy a hacer una ______________ del artículo sobre la película para compartirlo con mis compañeros de clase.

Nombre ______________________ Fecha __________

Próximas atracciones: Preguntas sobre cine
Ortografía: Palabras con el sonido /k/

Palabras con el sonido /k/

Palabras básicas 1 a 8. Escribe la Palabra básica para completar el crucigrama.

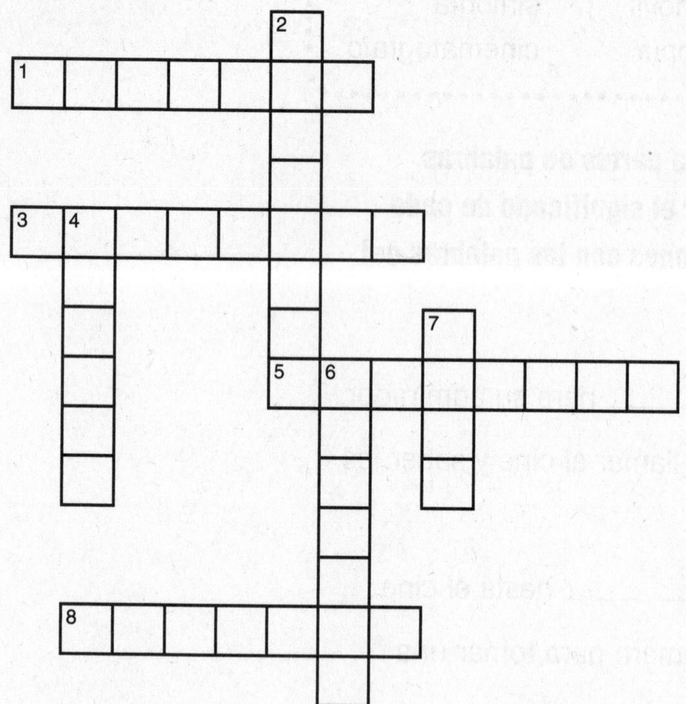

Horizontal

1. instrumento para mover el aire
3. tipo de pintura que mezclamos con agua
5. traer a la memoria
8. indica lo que está lejos de una persona

Vertical

2. lugar que es agradable y cómodo
4. sinónimo de automóviles
6. lugar donde se enseña a los niños
7. abertura en la cara por donde comemos

Palabras avanzadas 9 a 14. El equipo de fútbol de la escuela ganó un campeonato. Escribe la noticia para el periódico escolar. Usa cuatro Palabras avanzadas. Escribe en una hoja aparte.

Palabras de ortografía

1. cámara
2. carros
3. recordar
4. sacan
5. casa
6. cantidad
7. escuela
8. porque
9. queso
10. aquí
11. siquiera
12. abanico
13. boca
14. acabar
15. acogedor
16. acorazado
17. compartir
18. decoración
19. aquello
20. acuarela

Palabras avanzadas

dramático
acuático
acerquen
arquero
alquilar

Nombre ____________________ Fecha ____________

Clasificar palabras de ortografía

Escribe cada Palabra básica junto a la descripción correcta.

Palabras con el sonido /ka/	**Palabras básicas:** **Palabras posibles:**
Palabras con el sonido /ke/ /ki/	**Palabras básicas:** **Palabras avanzadas:** **Palabras posibles:**
Palabras con el sonido /ko/ /ku/	**Palabras básicas:** **Palabras avanzadas:** **Palabras posibles:**

Palabras de ortografía

1. cámara
2. carros
3. recordar
4. sacan
5. casa
6. cantidad
7. escuela
8. porque
9. queso
10. aquí
11. siquiera
12. abanico
13. boca
14. acabar
15. acogedor
16. acorazado
17. compartir
18. decoración
19. aquello
20. acuarela

Palabras avanzadas

dramático
acuático
acerquen
arquero
alquilar

Palabras avanzadas Agrega las Palabras avanzadas a tu tabla para clasificar palabras.

Conectar con la lectura Vuelve a revisar ***Próximas atracciones: Preguntas sobre cine.*** Encuentra palabras en la selección que tengan el sonido /k/ y clasifícalas en la tabla de arriba.

Nombre ______________________ Fecha __________

Revisión de ortografía

Próximas atracciones: Preguntas sobre cine
Ortografía: Palabras con el sonido /k/

Encuentra las palabras mal escritas y enciérralas en un círculo. Escríbelas correctamente en las líneas de abajo.

El verano pasado fui de campamento con mis hermanos. Siempre buscamos un sitio akogedor donde podamos relajarnos y conpartir las cosas que nos gustan. Esta vez acampamos en un hermoso lugar rodeado de bellas colinas y flores silvestres. Tan hermoso que quedamos con la boqa abierta. Mi hermano Alex siempre lleva su equipo de montaña porqe le gusta estar preparado. Le encanta subir al lugar más alto de la montaña para tomar fotografías con su kamara nueva. Mi hermano Juan siempre trae su kimono para practicar artes marciales. Yo, particularmente, me voy de paseo para descubrir nuevos caminos. Me gusta ocupar mi tiempo en campamentos con mis hermanos. Al final del día, después de akabár de cenar, nos reunimos alrededor de la fogata y siempre tenemos algo interesante que contar.

1. ______________________
2. ______________________
3. ______________________
4. ______________________
5. ______________________
6. ______________________

Usa cuatro Palabras avanzadas para escribir oraciones sobre lo que te gusta hacer en los campamentos.

Palabras de ortografía

1. cámara
2. carros
3. recordar
4. sacan
5. casa
6. cantidad
7. escuela
8. porque
9. queso
10. aquí
11. siquiera
12. abanico
13. boca
14. acabar
15. acogedor
16. acorazado
17. compartir
18. decoración
19. aquello
20. acuarela

Palabras avanzadas

dramático
acuático
acerquen
arquero
alquilar

Nombre ______________________ Fecha __________

Verbos en pasado, presente y futuro

El tiempo presente describe una acción que sucede ahora.

El tiempo pasado describe una acción que ya sucedió.

El tiempo futuro describe algo que va a suceder.

presente
Miro una película con mi familia.

pasado
Miré una película con mi familia.

futuro
Mirará una película con mi familia.

Pregunta para reflexionar
¿Cuándo sucede la acción?

1 a 3. Escribe el verbo que está entre paréntesis en el tiempo pasado.

1. (camino) ______________ con mi papá hasta el cine.
2. (sorprende) La audiencia se ______________ con los efectos especiales de la película.
3. (impresiona) La actriz ______________ a los críticos con su actuación.

4 y 5. Escribe el verbo que está entre paréntesis en el tiempo futuro.

4. (ser) ¡La nueva película ______________ genial!
5. (caminar) ______________ con mi papá hasta el cine.

Nombre ______________________ Fecha __________

Verbos regulares e irregulares

Un **verbo regular,** como *cantar,* mantiene su raíz en las distintas conjugaciones. Por ejemplo, *canto, cantamos, cantarán* son distintas formas conjugadas del mismo verbo y todas conservan la raíz *cant-*.

Un **verbo irregular,** como *ir*, presenta cambios en su raíz en las distintas conjugaciones. Por ejemplo, *voy, fuimos, irán* son distintas formas conjugadas del mismo verbo, pero no todas conservan la raíz *ir-*.

Observa el verbo que está entre paréntesis. Escribe *regular* si el verbo subrayado mantiene la raíz. Escribe *irregular* si el verbo subrayado presenta cambios en la raíz.

1. (trabajar) Martín trabaja como doble de riesgo en películas.

   ____

2. (actuar) El año pasado, actuó en una película de espías.

   ____

3. (ser) Para Martín, fue una experiencia muy emocionante.

   ____

4. (participar) Participó en escenas de alto riesgo.

   ____

5. (tener) Tuvo que practicar mucho para hacerlas sin lastimarse.

   ____

6. (disfrutar) Lo que más disfruta son las persecuciones en carro.

   ____

7. (esperar) Espera que en su próxima película haya escenas todavía más riesgosas. ____________________

8. (poner) Pondrá lo mejor de sí para convertirse en el mejor doble de riesgo. ____________________

Nombre ______________________ Fecha __________

La secuencia de los tiempos verbales

Elige el tiempo de un verbo para escribir y continuar escribiendo en ese tiempo. Generalmente, todos los verbos de un párrafo u oración deberían estar en el mismo tiempo. Cambia los tiempos verbales para mostrar un cambio en el tiempo.

tiempo pasado: Miré una película con un amigo. Cuando terminó discutimos sobre el tema.

tiempo presente: Todavía hablamos y reímos de las partes cómicas.

tiempo futuro: La próxima vez, miraremos una película de suspenso.

tiempos verbales cambiados: Miramos la película esta mañana. Mañana escribiremos un informe sobre ella.

Pregunta para reflexionar
¿Indican los verbos un tiempo en particular en la misma oración?

1 a 5. Elige el tiempo del verbo correcto para completar las oraciones. Escribe el verbo correcto en la línea.

1. (fui/iré) Mañana veré una película con mi familia. Luego, __________ con ellos a cenar.
2. (gustará/gustó) ¡El decorado era hermoso! Especialmente me __________ la escena en la playa.
3. (admira/admiró) Elegimos la película porque mi mamá __________ a la estrella desde hace mucho tiempo.
4. (compraremos/compramos) Primero, compraremos las entradas para la película y luego __________ palomitas de maíz y bebidas.
5. (gustaron/gustan) ¡Me encantan las películas sobre gatos! También me __________ las películas sobre perros.

Nombre ________________________ Fecha ____________

Fragmentos y oraciones seguidas

Un **fragmento** es un grupo de palabras que no expresa un pensamiento completo. Para corregir un fragmento, identifica qué parte le falta. Luego escribe una oración nueva.

fragmento: Algunas películas brillantes.

oración completa: Ese estudio ha producido algunas películas brillantes.

Las **oraciones seguidas** son oraciones que tienen dos pensamientos completos, uno a continuación del otro, sin un signo de puntuación o una conjunción que las coordine. Para corregir una oración seguida, escribe cada pensamiento completo como una oración independiente.

oración seguida: Veré la película muy pronto las películas animadas son mis favoritas.

oraciones correctas: Veré la película muy pronto. Las películas animadas son mis favoritas.

Escribe *correcta* si el grupo de palabras forma una oración bien escrita. Escribe *fragmento* si el grupo de palabras es un fragmento. Escribe *oraciones seguidas* si el grupo de palabras forma oraciones seguidas. Convierte cada fragmento en una oración completa. Escribe las oraciones seguidas de forma correcta.

1. Una película animada sobre un pingüino bebé.

____

2. A todos les gustará el personaje es bonito y divertido.

____

3. Muchas películas animadas tienen animales como protagonistas.

____

Nombre ______________________ Fecha __________

Próximas atracciones: Preguntas sobre cine
Gramática: Conectar con la escritura

Fluidez de las oraciones

Cuando escribas acerca de un tiempo en particular en una oración o en un párrafo, asegúrate de que los verbos estén siempre en el mismo tiempo verbal. Cambia de tiempo verbal únicamente cuando quieras indicar un cambio en el tiempo.

Distintos tiempos	El mismo tiempo
Mi prima Susana toma lecciones de actuación. Ella quisiera ser actriz.	Mi prima Susana toma lecciones de actuación. Ella quiere ser actriz.

Vuelve a escribir cada par de oraciones y conjuga los verbos subrayados en el tiempo que se muestra entre paréntesis.

1. El año pasado, Susana tenía un pequeño papel en una comedia. Ella quiere representar a una mesera. (pasado)

____

____

2. Toda mi familia irá a la noche del estreno. ¡Aplaudimos animadamente al terminar! (pasado)

____

____

3. Ahora tengo el DVD. Lo guardé en mi librero. (presente)

____

4. Quizás algún día actuaré en el cine. O quizás diseño trajes. (futuro)

____

Nombre ____________________ Fecha __________

Punto de enfoque: Elección de palabras

Usar lenguaje preciso

Lee las oraciones. Luego vuelve a escribir las oraciones usando un lenguaje más preciso y detalles concretos.

Elección de palabras generales	Elección de palabras precisas
1. No a todos les gustan las películas en las que pasan muchas cosas rápido.	
2. La mayoría de los periódicos publican artículos que dicen si una película es mala o buena.	
3. Los distintos sonidos hacen que las películas sean mejores.	
4. La ropa que visten los actores es una parte importante de la película.	
5. Un buen anuncio de la película hace que la quieras ver.	

Nombre ______________________ Fecha __________

Mi tío Romie y yo
Lectura independiente

Mi tío Romie y yo

Dibujar las conexiones

Cuando James llega a Nueva York, se siente muy lejos de su hogar. Responde a las siguientes preguntas y dibuja lo que aprende James sobre las personas que viven en lugares diferentes.

Lee las páginas 232 a 234. ¿En qué se parecen Harlem y Carolina del Norte? ¿En qué se diferencian? Enumera las similitudes y las diferencias que James nombra en su primer día en Nueva York.

Lee la página 238. ¿Qué dice el tío Romie sobre la gente que vive en lugares diferentes?

¿Qué detalles de la página 239 confirman que esto es cierto?

Nombre ______________________ Fecha ____________

Mi tío Romie y yo
Lectura independiente

¿Qué aprendió James sobre las personas que viven en otros lugares? Imagina que eres James y que escribes en su diario sobre sus experiencias. Haz un dibujo y escribe lo que has aprendido.

Nombre ______________________ Fecha __________

Lenguaje figurado

corazón de oro	sano y salvo	pan comido
brilla por su ausencia	contra viento y marea	a capa y espada

Vuelve a escribir cada oración usando una de las frases del recuadro.

1. Mi mamá ayuda a los demás porque tiene un gran corazón.

____

____

2. No importa lo que pase, tenemos que terminar esta lección.

____

____

3. El examen fue muy fácil.

____

____

4. Después que salí del teatro, llegué a mi casa sin ningún contratiempo.

____

____

5. Mi amiga Diana no fue al teatro hoy.

____

____

6. Mi hermano me defendió de una manera excepcional.

____

____

Palabras con terminaciones que indican tiempo y número

Palabras básicas 1 a 10. Lee los párrafos. Escribe las Palabras básicas que completen mejor las oraciones.

Cuando era niño vivía al pie de una montaña. Mis amigos y yo acostumbrábamos a escalar la montaña todos los fines de semana. La misma montaña donde la leyenda dice que (1) __________ el sol. Nuestros padres siempre (2) __________ preocupados por la escuela y nos ponían una condición: "Deben hacer las tareas antes de partir". Hacíamos cualquier cosa con tal de poder llevar a cabo nuestra aventura favorita.

Subir hasta la cima (3) __________ ser difícil, pero mi hermano siempre me decía: (4) ______________ que no siempre es fácil, pero con esfuerzo, (5) ____________ que nos resulte más sencillo cada vez". Y así fue.

A veces, cuando el clima cambiaba repentinamente, nos veíamos obligados a dormir en la montaña. ¡Acampar en la montaña era lo mejor! Podíamos mirar las estrellas y charlar hasta quedarnos dormidos.

Palabras avanzadas 6 a 9. Escribe un correo electrónico a un amigo y cuéntale sobre una excursión a la que hayas ido. Usa cuatro Palabras avanzadas. Escribe en una hoja aparte.

Palabras de ortografía

1. subimos
2. podía
3. veremos
4. estaban
5. tuvieron
6. caminamos
7. conoce
8. comprenderás
9. compraban
10. desconoció
11. cantaba
12. esperemos
13. vinieron
14. estudió
15. anidaron
16. colaboraremos
17. cobraríamos
18. di
19. descansa
20. elijo

Palabras avanzadas

hervimos
humedeceré
construye
partió

Nombre ______________________ Fecha __________

Clasificar palabras de ortografía

Escribe cada Palabra básica junto a la descripción correcta.

Palabras con terminaciones que no indican ni tiempo ni número	**Palabras posibles:**
Palabras con terminaciones que indican tiempo y número	**Palabras básicas:** **Palabras avanzadas:** **Palabras posibles:**
Palabras con terminaciones que indican número	**Palabras posibles:**

Palabras avanzadas Agrega las palabras avanzadas en tu tabla para clasificar palabras.

Conectar con la lectura Vuelve a revisar *Mi tío Romie y yo.* Encuentra más palabras con terminaciones que indican tiempo y número y clasifícalas en la tabla de arriba.

Palabras de ortografía

1. subimos
2. podía
3. veremos
4. estaban
5. tuvieron
6. caminamos
7. conoce
8. comprenderás
9. compraban
10. desconoció
11. cantaba
12. esperemos
13. vinieron
14. estudió
15. anidaron
16. colaboraremos
17. cobraríamos
18. di
19. descansa
20. elijo

Palabras avanzadas

hervimos
humedeceré
construye
partió

Nombre ______________________ Fecha ____________

Revisión de ortografía

Mi tío Romie y yo
Ortografía: Palabras con terminaciones que indican tiempo y número

Encuentra las palabras mal escritas y enciérralas en un círculo. Escríbelas correctamente en las líneas de abajo.

Durante las vacaciones de invierno mis hermanos y yo tenemos la costumbre de escalar a la cima más alta de la cadena montañosa. Antes de escalar la montaña debemos tomar la precaución de revisar el equipo de acampar y asegurarnos de que tenemos todo lo imprescindible para poder subir sin contratiempo alguno. Nadie descansá hasta que todo está listo. Como cada montañista conocé las reglas, cada uno debe llevar su propio equipo y, además, llevar una bolsa adicional de alimentos para cualquier emergencia. También, antes de partir, lanzamos una moneda al aire para decidir quién subirá primero las partes más escarpadas de la montaña. Una vez decidido esto y revisado cuidadosamente nuestro equipo, emprendemos el camino. Mientras subimós tomamos la precaución de mirar atentamente el trayecto ya que de regreso tenemos que bajar por el mismo sendero. Después de seis horas de camino, sentía que no podia seguir. Me dolían las piernas y mi estómago cantava del hambre.
—¡Miren! —les dije a mis hermanos—, ahí hay un sitio perfecto donde podemos acampar esta noche. ¿Qué les parece?
Mis hermanos viniéron y miraron al unísono, estavan fascinados. Es que yo siempre elijó los mejores lugares. Aceptaron encantados la propuesta. Al parecer ellos también estaban hambrientos. Como habíamos encontrado el sitio ideal para acampar, dí la señal para armar el campamento. Luego hervimós agua y comimos una reconfortante sopa.

1. ______________ 6. ______________
2. ______________ 7. ______________
3. ______________ 8. ______________
4. ______________ 9. ______________
5. ______________ 10. ______________

Palabras de ortografía

1. subimos
2. podía
3. veremos
4. estaban
5. tuvieron
6. caminamos
7. conoce
8. comprenderás
9. compraban
10. desconoció
11. cantaba
12. esperemos
13. vinieron
14. estudió
15. anidaron
16. colaboraremos
17. cobraríamos
18. di
19. descansa
20. elijo

Palabras avanzadas

hervimos
humedeceré
construye
partió

Nombre ______________________ Fecha __________

El gerundio en tiempo presente

Las frases verbales como *está hablando* o *estaban escuchando* describen acciones que suceden durante un período de tiempo. Estas formas verbales se forman con un verbo auxiliar conjugado y un gerundio.

Estas frases verbales pueden describir acciones que están sucediendo en el **presente**. En este caso, usa un verbo auxiliar conjugado en presente y un gerundio. El gerundio de los verbos terminados en *–ar* se forma agregando la terminación *–ando* a la base del verbo; el de los verbos terminados en *–er*/*–ir*, agregando *–iendo.* También hay formas irregulares que se conjugan con *–yendo.*

Él está jugando.

Preguntas para reflexionar
¿La acción sucede durante un período de tiempo? ¿Está sucediendo en el presente?

1 a 7. Escribe las palabras que forman el gerundio presente en cada oración.

1. Los niños están jugando a la pelota en la calle.

   ____

2. Estoy disfrutando de jugar con los vecinos. ______________
3. Los niños y las niñas están formando dos equipos.

   ____

4. La pelota está rebotando contra la acera. ______________
5. La calle se está volviendo más ruidosa y activa.

   ____

6. Estoy recordando las calles tranquilas de la ciudad donde nací. ______________
7. El cielo se está poniendo más oscuro a cada minuto.

   ____

Nombre ______________________ Fecha __________

El gerundio en tiempo pasado

El **gerundio en tiempo pasado** describe acciones que estaban en progreso durante un período de tiempo en el pasado. En este caso, usa un verbo auxiliar conjugado en pasado y un gerundio.

Él estaba trabajando.

Preguntas para reflexionar
¿La acción sucede durante un período de tiempo? ¿Está sucediendo en el pasado?

1 a 12. Subraya las palabras que forman el gerundio en pasado en cada oración.

1. El artista estaba haciendo unas pinturas maravillosas en su estudio.
2. Una galería de arte las estaba exhibiendo el mes pasado.
3. Todos estaban admirando su trabajo.
4. Estábamos trabajando juntos en algunos collages.
5. Las pinturas estaban colgadas en las paredes del estudio.
6. Los niños estaban creando collages en la escuela el año pasado.
7. Yo estaba usando fotografías para mis collages el año pasado.
8. Mis amigos estaban juntando fotografías de animales para mí.
9. También estaba recortando tiras de historietas para otro collage.
10. Estaba exhibiendo ese collage en la muestra de arte de la escuela el invierno pasado.
11. Les estaba contando a mis amigos acerca de mis planes para mi próximo collage.
12. Ellos dijeron que estaban preguntándose cuál sería mi próximo trabajo.

Nombre ______________________ Fecha __________

Gerundio en tiempo futuro

Mi tío Romie y yo
Gramática: El gerundio

El **gerundio en tiempo futuro** describe acciones que estarán en progreso durante un período de tiempo en el futuro. En este caso, usa un verbo auxiliar conjugado en futuro y un gerundio.

gerundio futuro Estaré esperando su visita.

Preguntas para reflexionar
¿La acción sucede durante un período de tiempo? ¿Está sucediendo en el presente, en el pasado o en el futuro?

1 a 4. Escribe las oraciones. Cambia los verbos subrayados al gerundio en tiempo futuro.

1. Visito a mis primos en Chicago.

____

2. Las calles rebalsan de autos y personas.

____

3. Las multitudes caminarán hasta tarde en la noche.

____

4. Pensé en volver a casa el domingo por la noche.

____

Nombre ______________________ Fecha __________

Clases de oraciones

Mi tío Romie y yo
Gramática: Repaso frecuente

Tipo de oración	Puntuación	Ejemplo
Enunciativa	punto final (.)	Tomoko espera en la parada de autobús.
Interrogativa	signos de interrogación (¿?)	¿Este autobús pasa por el acuario?
Imperativa	punto final (.)	Ponte en la fila para comprar las entradas.
Exclamativa	signos de exclamación (¡!)	¡Esa línea es tan larga!

1 a 6. Coloca la puntuación correcta al final de cada oración. Luego clasifícalas como *enunciativa, interrogativa, imperativa* o *exclamativa*.

1. Las calles de la ciudad están muy congestionadas ______________
2. ¡Ese carro va volando ______________
3. Por favor, ¿me dice dónde queda la avenida Principal ______________
4. Mira a ambos lados antes de cruzar la calle ______________
5. ¡Nunca había visto tanta gente en un solo lugar ______________
6. Voy de camino al centro de la ciudad ______________

7 a 12. Corrige seis errores en el aviso. Hay dos mayúsculas que faltan y cuatro errores de puntuación.

Visitarás nuestra ciudad en poco tiempo! te preguntas cómo encontrarás el camino sin perderte en la ciudad? La Caminata Guiada de Johnny puede ayudarte. deja que uno de nuestros alegres guías te lleve a dar un paseo o usa uno de nuestros mapas fáciles de leer? Cualquiera de las dos formas te permitirá aprender sobre la interesante historia de nuestra ciudad y visitar todos los lugares emblemáticos Todos están de acuerdo. Las Caminatas Guiadas de Johnny son las mejores

Nombre ____________________ Fecha ____________

Ideas

Usa los tiempos y las formas verbales correctamente para ayudar a los lectores a entender tus ideas y los sucesos sobre los que escribes.
Usa el gerundio para describir acciones que suceden durante un período de tiempo.
Usa el mismo tiempo verbal para todas las acciones que suceden en el mismo momento.

Lee cada par de oraciones. Elige el tiempo o la forma verbal correcta para la segunda oración. Escribe la forma verbal correcta en la línea en blanco.

1. Tengo planeado visitar a mi primo este verano. En este momento ________________ una lista de las actividades que quiero hacer con ellos. (hice/estoy haciendo)
2. Mi primo vive en una granja en la zona oeste. Yo ________________ en una gran ciudad en la zona este. (vivo/vivía)
3. Me sentía nervioso por la visita. ________________ porque estaría muy lejos de casa. (Estaba asustado/Estaré asustado)
4. Luego hablé con mi primo y con sus padres. ________________ cuánto nos divertimos cuando él vino de visita a mi casa. (Estaré recordando/Recordé)
5. La última vez que lo visité teníamos tres años. ________________ a todos lados con nuestros padres. (Iremos/Íbamos)
6. Esta vez, estaremos solos. ¡ ________________ en la laguna la mayor parte del tiempo! (Estaremos nadando/Nadamos)

Punto de enfoque: Organización

Reseña de un libro

A. Lee las oraciones de la reseña del libro. Escribe las letras de las oraciones en el orden correcto.

(A) Me gusta este libro porque compara dos entornos. (B) Sin embargo, mi entorno favorito es la granja en Carolina del Norte. (C) El libro también tiene personajes realistas. (D) El primer entorno es la ciudad de Nueva York. (E) Mi personaje favorito es el tío del niño. (F) Nueva York es emocionante y está llena de gente.

____

B. Lee la siguiente oración principal. Organiza un párrafo completo que apoye el tema con detalles.

Oración principal: El libro con el ambiente más interesante que he leído es ______________.

____

____

____

____

____

____

Nombre ______________________ Fecha __________

Estimado Sr. Winston
Lectura independiente

Ahora lee la página 266 y responde a las siguientes preguntas.

Vuelve a leer los párrafos 3, 4 y 5 de la carta de la página 266. Usa los detalles de la carta de Clara para resumir lo que le sucedió a la caja.

____

____

____

____

Basándote en lo que dice la carta, escribe en el globo de pensamiento lo que Clara quiere decirle a su padre.

¿Qué evidencia del texto de la carta te ayudó a inferir los pensamientos de Clara de las páginas 262 y 266?

____

____

____

Nombre _______________ Fecha _______

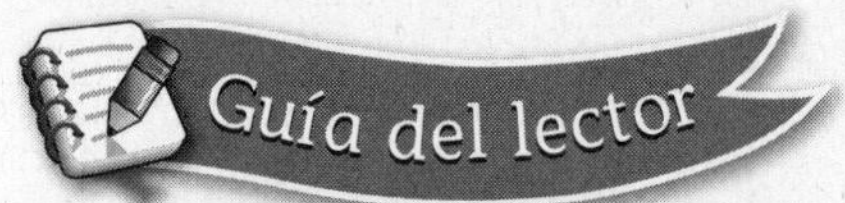

Estimado Sr. Winston

Mensajes mixtos

Vuelve a leer la página 262. Usa detalles de la carta de Clara para resumir lo que escribe Clara al bibliotecario.

Basándote en lo que dice la carta, escribe en el globo de pensamiento lo que Clara quiere decirle a su padre.

¿Qué evidencia del texto de la carta usaste para inferir los pensamientos de Clara de la página 262?

Nombre ____________________ Fecha ____________

Estimado Sr. Winston

Mensajes mixtos

Vuelve a leer la página 262. Usa detalles de la carta de Clara para resumir lo que escribe Clara al bibliotecario.

____

____

____

____

____

Basándote en lo que dice la carta, escribe en el globo de pensamiento lo que Clara quiere decirle a su padre.

¿Qué evidencia del texto de la carta usaste para inferir los pensamientos de Clara de la página 262?

____

____

____

Nombre ______________________ Fecha ____________

Ahora lee la página 266 y responde a las siguientes preguntas.

Vuelve a leer los párrafos 3, 4 y 5 de la carta de la página 266. Usa los detalles de la carta de Clara para resumir lo que le sucedió a la caja.

____

____

____

____

Basándote en lo que dice la carta, escribe en el globo de pensamiento lo que Clara quiere decirle a su padre.

¿Qué evidencia del texto de la carta te ayudó a inferir los pensamientos de Clara de las páginas 262 y 266?

____

____

____

Nombre ______________________ Fecha ____________

Antónimos

limpio	delgado	divertido	saludable
genuino	avergonzado	culpable	mentira

Lee cada oración. Escribe la oración usando uno de los antónimos de arriba. Puedes variar el género y el número.

1. Mi cartera está hecha de piel falsa.

   ____

2. Cuando dije que me gustaba comer hígado con cebollas dije una verdad.

   ____

3. Cuando las personas comen demasiado y no hacen ejercicio pueden volverse obesas.

   ____

4. La fiesta estaba muy aburrida.

   ____

5. Cuando lancé la pelota hacia la ventana de mis vecinos, me sentí orgulloso de haber roto su vidrio.

   ____

6. Después de no acomodar mis juguetes en su sitio, mi habitación queda sucia.

   ____

7. Mi hermano cree que soy inocente de tomar su bate de béisbol.

   ____

8. Mi hermana estaba enferma.

   ____

Nombre ______________________ Fecha __________

Estimado Sr. Winston
Ortografía: Palabras con *g* suave

Palabras con *g* suave

Palabras básicas 1 a 10. Completa el crucigrama usando la Palabra básica para cada una de las pistas.

Horizontal

1. utensilio que usamos para regar el jardín
4. continuar haciendo algo
5. líquido necesario para la vida
6. esparcir agua sobre el césped
8. buscar información sobre algo
9. prenda que se usa para cubrir la cabeza

Vertical

2. lugar donde se muestran obras de arte
3. cerciorarme de algo
7. animalito que se alimenta de hojas
10. medir o ajustar algo

Palabras de ortografía

1. asegurarme
2. goma
3. lugar
4. regular
5. luego
6. manguera
7. siguiente
8. agua
9. averiguar
10. regar
11. galería
12. gorro
13. gustaría
14. seguir
15. galáctica
16. diga
17. amigo
18. gusano
19. manga
20. águila

Palabras avanzadas

antigüedad
aguijón
distinguido
guirnalda
abrigado

Palabras avanzadas 11 a 14. Un vecino te pidió ayuda para ordenar su ático. Allí encontraste cosas muy interesantes. Escribe un cuento sobre esto. Usa cuatro Palabras avanzadas. Escribe en una hoja aparte.

Nombre ________________________ Fecha ____________

Clasificar palabras de ortografía

Escribe cada Palabra básica junto a la descripción correcta.

palabras con *ga, go* o *gu*	**Palabras básicas:** **Palabras avanzadas:** **Palabras posibles:**
palabras con *gue* o *gui*	**Palabras básicas:** **Palabras avanzadas:** **Palabras posibles:**

Palabras avanzadas **Agrega las Palabras avanzadas a tu tabla para clasificar palabras.**

Conectar con la lectura **Vuelve a revisar *Estimado Sr. Winston.* Encuentra 5 palabras con *g* suave y clasifícalas en la tabla de arriba.**

Palabras de ortografía

1. asegurarme
2. goma
3. lugar
4. regular
5. luego
6. manguera
7. siguiente
8. agua
9. averiguar
10. regar
11. galería
12. gorro
13. gustaría
14. seguir
15. galáctica
16. diga
17. amigo
18. gusano
19. manga
20. águila

Palabras avanzadas

antigüedad
aguijón
distinguido
guirnalda
abrigado

Nombre ______________________ Fecha __________

Estimado Sr. Winston
Ortografía: Palabras con *g* suave

Revisión de ortografía

Encuentra las palabras mal escritas y enciérralas en un círculo. Escríbelas correctamente en las líneas de abajo.

El zoológico de Sidney, Australia, es un lujar donde se alimenta a más de 100 pequeños canguros que necesitan cuidados especiales. Estos simpáticos animalitos comen verduras y frutas, pero les encanta comer los guisantes que Mike y su equipo de 3 cocineros preparan diariamente. A la comida se le agrega carne y pollo, pero los domingos les sirven también un poco de cereales como los que los niños comen en el desayuno. Después de darles comida y agüa, el sigiente paso es deshacerse del alimento que los animales del zoológico no comieron el día anterior. Así que Mike y su equipo hacen una gran hoguera para quemar esa comida y lugeo poder utilizar las cenizas como abono para las plantas que decoran el zoológico. Todos los animales del zoológico reciben también sus juguetes favoritos cada mañana. Mike es como un gran amigio para los canguros. La labor que él y sus compañeros hacen es enorme. Ayudan a que los animales tengan una mejor vida. Me guistaría colaborar con Mike y su equipo; voy a averigüar qué puedo hacer.

1. ____________________
2. ____________________
3. ____________________
4. ____________________
5. ____________________
6. ____________________
7. ____________________

Palabras de ortografía

1. asegurarme
2. goma
3. lugar
4. regular
5. luego
6. manguera
7. siguiente
8. agua
9. averiguar
10. regar
11. galería
12. gorro
13. gustaría
14. seguir
15. galáctica
16. diga
17. amigo
18. gusano
19. manga
20. águila

Palabras avanzadas

antigüedad
aguijón
distinguido
guirnalda
abrigado

Oraciones compuestas

Una oración compuesta se compone de dos oraciones simples unidas por una conjunción coordinante, como *y, pero* y *o.* Solo se coloca una coma en las oraciones unidas con *pero.*

oración completa **oración completa**
Algunas personas leían libros y otras hablaban en voz baja.
conjunción coordinante

Preguntas para reflexionar
¿La oración se compone de dos oraciones simples? ¿Tiene una conjunción coordinante?

1 a 8. Subraya las oraciones simples en cada oración compuesta. Encierra en un círculo la conjunción coordinante.

1. Las niñas fueron a la biblioteca y trabajaron en su proyecto.
2. Pueden escribir un informe o pueden escribir una obra de teatro.
3. La biblioteca estaba en silencio, pero las niñas hacían cada vez más ruido.
4. Sophie hizo una broma y todas se rieron.
5. La Sra. Walker se acercó y se puso el dedo índice sobre los labios.
6. La biblioteca es para todos, pero las personas deben ser respetuosas con los demás.
7. Las personas deben trabajar en silencio o los otros visitantes estarán molestos.
8. Las niñas podían hacer silencio o el grupo podía ir a trabajar a casa de Sophie.

Nombre ______________________________ Fecha ____________

Estimado Sr. Winston
Gramática: Oraciones compuestas y complejas

Oraciones complejas

Una **oración compleja** se compone de una oración simple y una cláusula, o un grupo de palabras que tiene un sujeto y un predicado. Las dos partes se unen con una conjunción subordinante, como *porque, aunque, hasta, si* y *como.* Solo se coloca una coma delante de la conjunción *aunque*.

La serpiente se deslizó debajo de una roca **oración simple**
porque el sol brillaba con más fuerza. **cláusula**

Pregunta para reflexionar
¿La oración se compone de una oración simple y una cláusula unidas por una conjunción subordinante?

1 a 4. Lee cada oración compleja. Subraya la oración simple una vez. Subraya la cláusula dos veces. Encierra en un círculo la conjunción subordinante que une ambas partes.

1. Aunque Rodney amaba a los animales, no le gustaban las serpientes.
2. Las serpientes lo asustaban porque se movían rápidamente.
3. Rodney corrió al ver una serpiente en el césped, aunque sabía que no era venenosa.
4. Como Rodney vio la serpiente, aprendió más acerca de ella.

5 a 8. Agrega una oración simple a la cláusula para escribir una oración completa. Usa comas cuando sea necesario.

5. Porque la serpiente es venenosa.

____

6. Aunque esta serpiente es grande.

____

7. Mientras estás en el zoológico.

____

8. Después de que visites la jaula de las serpientes.

____

Nombre ____________________ Fecha __________

Estimado Sr. Winston
Gramática: Oraciones compuestas y complejas

El uso de la coma en las oraciones compuestas

Una **oración compuesta** expresa dos o más pensamientos completos unidos. Los pensamientos se unen con una conjunción coordinante. Solo se usa coma en las oraciones unidas con *pero*.

Jane tiene un ratón, Mike tiene una serpiente y yo tengo un perro.

Pregunta para reflexionar
¿Qué conjunción coordinante se usa?

1 a 6. Escribe las oraciones. Coloca una coma cuando sea necesario.

1. Siento mucho que mi perro, Chipper, haya entrado en tu jardín pero no volverá a suceder.

2. A Chipper le gustan las flores y quería olfatear tus rosas.

3. Chipper aplastó algunas plantas pero no lo hizo a propósito.

4. Chipper saltó por encima de las violetas pero pisó las margaritas.

5. Yo miré por encima de la cerca vi a Chipper y lo llamé.

6. Yo podría plantar algunas flores o desmalezar tu jardín.

Nombre ______________________ Fecha ____________

Clases de sustantivos

Sustantivos comunes	Sustantivos propios	Sustantivos en singular	Sustantivos en plural
niña ciudad día apellido	Ann Orlando Navidad Smith	manzana día clase zorro	manzanas días clases zorros

1 a 3. Escribe cada sustantivo e indica si es *común* o *propio*.

1. Joe y Sally entraron con una caja al salón de clase.

____

____

2. Habían hecho varios agujeros en la tapa con un lápiz.

____

____

3. Esa mañana, la Sra. Li oyó un ruido extraño bajo su escritorio.

____

____

4 a 6. Escribe la forma plural del sustantivo que aparece entre paréntesis.

4. (sándwich) Los niños comían __________.
5. (caja) Luego las tapas se salieron de las __________
6. (rana) De pronto, había __________ saltando por todo el salón de clase.

Convenciones

Una **oración compuesta** expresa dos o más pensamientos completos unidos. Los pensamientos se unen con una conjunción coordinante como *y*, *pero* y *o*.

Solo se usa coma en las oraciones unidas con *pero*.

Minnie es la perrita de Alicia. Alicia la lleva a todas partes.

Minnie es la perrita de Alicia y la lleva a todas partes.

1 a 6. Combina las oraciones simples para formar una oración compuesta. Usa una conjunción para unir ambas oraciones. Usa comas cuando sea necesario.

1. La heladería estaba vacía. Alicia entró.

____

2. Alicia apoyó su bolso en el mostrador. Alicia miró el menú.

____

3. El bolso se movió. Un pequeño perrito se asomó.

____

4. La mujer detrás del mostrador sonrió. La mujer habló en tono serio.

____

5. No se permite entrar con mascotas aquí. Puedes traer animales de servicio.

____

6. Puedes dejar al perrito afuera. Puedes volver más tarde.

____

Punto de enfoque: Organización

Opiniones, razones y detalles

Los buenos escritores apoyan sus opiniones con detalles y razones. Cuando escribas tus reflexiones en un ensayo, agrupa las ideas relacionadas para que tengan sentido para el lector. Incluye solo las ideas relacionadas entre sí. La organización de tu ensayo dependerá del tema. Por ejemplo, si estás explicando un proceso, describe el proceso en el orden correcto.

Idea principal	Clara, en "Estimado Sr. Winston", es un personaje simpático.
Detalle no relacionado	El Sr. Winston conocía a Clara desde hacía varios años.
Detalle relacionado	Se equivoca sin querer cuando le dice quién le vendió la serpiente.

Lee las opiniones de "Estimado Sr. Winston". Escribe dos detalles importantes relacionados que apoyen cada idea.

1. **Idea:** Clara realmente quiere saber más acerca de su serpiente.

   Detalle ______________________________________

   ____

   Detalle ______________________________________

   ____

2. **Idea:** El padre de Clara esté más disgustado que su madre.

   Detalle ______________________________________

   ____

   Detalle ______________________________________

   ____

Nombre ______________________ Fecha ____________

Guía del lector

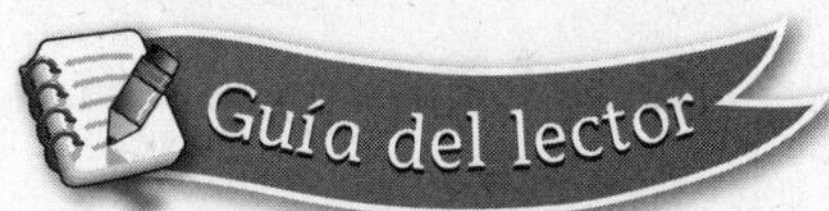

¡José! Nacido para la danza

La danza de José era como…

Un símil es un tipo de lenguaje figurado que compara dos cosas usando la palabra *como*. Lee la página 296. Enumera tres símiles que la autora usa para describir la danza de José.

Nombre ______________________ Fecha __________

Imagina que eres un periodista y has concurrido a una de las actuaciones de José Limón. Usa los símiles que encontraste en la página 296 para escribir una crítica de su actuación. Una crítica dice lo que es bueno y lo que es malo sobre algo. ¿Qué podría decir el periodista de la carrera de José?

El debut de José Limón

José Limón realizó una actuación en el teatro el sábado por la noche. Su danza fue...

Nombre ______________________ Fecha __________

Matices de significado

Los **sinónimos** son palabras que tienen significados parecidos. No significan exactamente lo mismo. Los sinónimos pueden expresar distintas impresiones sobre el sujeto. Por ejemplo, si dices que las acciones de alguien son **audaces,** lo estás alabando. Si dices que sus acciones son **temerarias,** lo estás criticando.

Encierra en un círculo el sinónimo que mejor se adapta al contexto de la oración. Escribe en la línea por qué elegiste esa palabra.

1. Juana cantaba todo el tiempo y su maestro la felicitó por su (buena, adorable,) voz.

   ____

2. Tenía tanta (determinación, terquedad) que practicaba todos los días para ganar.

   ____

3. Cuando se mudó a la ciudad, alquiló un departamento muy (espacioso, grande).

   ____

4. Las concurridas calles de la ciudad eran (aterradoras, emocionantes).

   ____

   ____

5. Trabajaba como camarera para pagar sus estudios, pero sabía que su (profesión, trabajo) real era ser cantante.

   ____

6. Juana estaba (contenta, entusiasmada,) cuando le ofrecieron su primer trabajo pago como cantante.

   ____

Nombre ______________________ Fecha ____________

Palabras con *g* fuerte y *j*

Palabras básicas 1 a 10. Escribe la Palabra básica que mejor completa cada oración.

1. A Paula le encanta ________________ .
2. La abuelita de Mario es una señora muy dulce y ________________ .
3. Para mantenerse saludable y tener mucha ________________ es necesario comer frutas y vegetales.
4. Mi mamá me enseñó a ________________ un suéter.
5. Durante las fiestas de diciembre hay mucha ________________ en los centros comerciales.
6. Me gustaría conocer una ________________ y sus animales.
7. Los juegos de ________________ son mis favoritos.
8. La ________________ de los nuevos televisores es de alta definición.
9. ________________ volvería a subirme a la montaña rusa porque me asusté mucho.
10. Mi abuelo tuvo que hacerse una ________________ de urgencia.

Palabras avanzadas 11 a 14. En una hoja aparte escribe un párrafo sobre tu actor favorito. Usa cuatro Palabras avanzadas.

Palabras de ortografía

1. trabajaba
2. ángeles
3. dibujar
4. giro
5. bosquejos
6. dirigió
7. jamás
8. jungla
9. gente
10. diligencia
11. imagen
12. gentil
13. urgente
14. ingenio
15. rebajar
16. ajeno
17. tejer
18. energía
19. elogio
20. cirugía

Palabras avanzadas

crujía
región
religión
proteger
fingir

Nombre ______________________ Fecha __________

¡José! Nacido para la danza
Ortografía: Palabras con *g* fuerte y *j*

Clasificar palabras de ortografía

Escribe cada Palabra básica junto a la descripción correcta.

palabras con sonido /j/ escritas con *g*	Palabras básicas: Palabras avanzadas: Palabras posibles:
palabras con sonido /j/ escritas con *j*	Palabras básicas: Palabras avanzadas: Palabras posibles:

Palabras avanzadas Agrega las Palabras avanzadas en tu tabla para clasificar palabras.

Conectar con la lectura Vuelve a revisar ***¡José! Nacido para la danza.*** Encuentra 6 palabras con *g* fuerte y *j* y clasifícalas en la tabla de arriba.

Palabras de ortografía

1. trabajaba
2. ángeles
3. dibujar
4. giro
5. bosquejos
6. dirigió
7. jamás
8. jungla
9. gente
10. diligencia
11. imagen
12. gentil
13. urgente
14. ingenio
15. rebajar
16. ajeno
17. tejer
18. energía
19. elogio
20. cirugía

Palabras avanzadas

crujía
región
religión
proteger
fingir

Nombre ______________________ Fecha __________

Revisión de ortografía

Encuentra las palabras mal escritas y enciérralas en un círculo. Escríbelas correctamente en las líneas de abajo.

Cada día hay que escoger cuidadosamente lo que se da de comer a los animales que están en el albergue para mascotas sin hogar de nuestra rejión. Por las mañanas, los cuidadores recogen las bandejas con la comida que los animales dejaron y las lavan de manera urjente para poder poner sobre ellas el alimento fresco. Para que las mascotas estén sanas y llenas de enerjía, los cuidadores preparan una mezcla de carne, vegetales, frijoles y cereales, y se dirigen a la jaula de cada mascota para colocar la comida antes de que comience a llegar la jente que quiere adoptar una mascota. La hija menor del cuidador, Sarita, es muy jentil y cuida personalmente de una pareja de gatitos que nacieron en el lugar. Gamás se separa de ellos. Todos los días, además de protejer, limpiar y alimentar a los gatitos, juega con ellos y los acaricia con cariño. Sarita espera que pronto los dos gatitos encuentren una familia que los pueda adoptar juntos. Mientras tanto, con mucho injenio, se divierte cuidándolos y jugando con ellos. Verla con los gatitos es una imajen muy tierna. Quizás se produzca un jiro inesperado y su papá le permita quedarse con ellos.

1. ______________ 6. ______________
2. ______________ 7. ______________
3. ______________ 8. ______________
4. ______________ 9. ______________
5. ______________ 10. ______________

Palabras de ortografía

1. trabajaba
2. ángeles
3. dibujar
4. giro
5. bosquejos
6. dirigió
7. jamás
8. jungla
9. gente
10. diligencia
11. imagen
12. gentil
13. urgente
14. ingenio
15. rebajar
16. ajeno
17. tejer
18. energía
19. elogio
20. cirugía

Palabras avanzadas

crujía
región
religión
proteger
fingir

Nombre ______________________ Fecha __________

Pronombres de sujeto y de complemento

Un **pronombre de sujeto** es una palabra que sustituye a la persona o cosa que realiza la acción. Un **pronombre de complemento** es una palabra que sustituye a la persona o cosa que recibe la acción del verbo.

pronombre de sujeto

Él estudió danza por muchos años.

pronombre de complemento

La abuela preparaba el desayuno para él cada mañana.

Preguntas para reflexionar

¿Qué pronombre indica qué o quién hace la acción de la oración? ¿Qué pronombre indica qué o quién recibe la acción del verbo?

1 a 4. Subraya el pronombre de sujeto en cada oración.

1. Nosotros observábamos a José bailar en el espectáculo.
2. Yo no podía esperar a ver el espectáculo.
3. ¿Tú alguna vez has ido a un espectáculo de danza?
4. Él debería bailar en todos las presentaciones.

5 a 8. De los pronombres que están entre paréntesis, elige el que puede sustituir a la palabra subrayada.

5. (él, tú) Las aves cantaban para José durante el desayuno. ________
6. (ellos, nosotros) Mamá bebía chocolate con José y la abuela. ________
7. (él, yo) José pedía a su abuela que trajera más chocolate para José. ________
8. (ustedes, nosotros)–¿Será posible que guardes un poco de chocolate para mamá y para mí? –preguntó la abuela.

____

Nombre ______________________ Fecha __________

Pronombres reflexivos y demostrativos

Los **pronombres reflexivos** pueden usarse para indicar que un sujeto está realizando una acción sobre sí mismo. También pueden usarse para hacer resaltar la acción. Los **pronombres demostrativos** sirven para nombrar personas, lugares, cosas o ideas específicas.

Pronombres reflexivos	Pronombres demostrativos
me, te, se, nos, les	este/estos, esta/estas, esto ese/esos, esa/esas, eso aquel/aquellos, aquella/aquellas, aquello
En la clase de danza **me** puedo ver en el espejo. Jeff y Maria **se** sentaron en las colchonetas.	**Este** es un nuevo baile para aprender. **Estos** son tus compañeros de clase. **Ese** es el lugar donde practicamos. **Aquellos** son los armarios que usamos.

1 a 4. Escribe el pronombre reflexivo correcto en la línea dentro de cada oración.

1. (se, me) Henry __________ lastimó mientras practicaba una rutina de danza.
2. (me, nos) ¡Yo __________ diseñé mi propio traje de danza!
3. (nos, se) Él __________ sirvió un vaso de jugo luego de aprender los pasos de baile.
4. (nos, me) Nosotros __________ vestimos antes del espectáculo de danza.

5 a 8. Escribe el pronombre demostrativo correcto en la línea dentro de cada oración.

5. ¡Hoy es sábado! ¡ __________ es el día de nuestro espectáculo!
6. Las sillas grises están en el armario. __________ son las sillas que deben acomodarse en filas.
7. ¿Ves el círculo dibujado en el piso del escenario? __________ es el lugar donde debes pararte.
8. Llévate esta caja. __________ son los programas que debes repartir al público.

Nombre ______________________ Fecha __________

Concordancia entre el pronombre y el antecedente

Un **antecedente** es una palabra o frase a la que se refiere alguna palabra que la sigue. Los pronombres con frecuencia tienen antecedentes.

antecedente **pronombre**
Los musicales son populares y (estos) con frecuencia exhiben escenas de canto y baile.

En la oración anterior, musicales es el antecedente. La palabra estos es el pronombre que se usa en lugar de repetir la palabra musicales. El pronombre debe concordar con el antecedente en género y número.

1 a 4. Escribe el pronombre correcto para completar cada oración.

1. (Ella, Él) Fred Astaire era un famoso actor. ________ era muy conocido por su forma de bailar.
2. (Ellos, Tú) Ginger Rogers bailó con Fred Astaire. _______ bailaban muy bien juntos.
3. (esos, esas) Gene Kelly danzó en muchas películas. ¡Vale la pena mirar __________ películas!
4. (Eso, Esa) Gene Kelly y Leslie Caron danzaron en *Un americano en París.* ______ es una película muy buena.

5 a 8. Encierra en un círculo el pronombre en cada oración. Subraya el antecedente.

5. Shirley Temple fue una niña estrella. Ella también podía bailar tap.
6. Los musicales son divertidos, pero algunos de ellos pueden ser largos.
7. Los bailarines deben ser cuidadosos. Ellos pueden lastimarse cuando actúan.
8. Mi hermana y yo tomamos clases de tap. Nosotras usábamos zapatos especiales en las clases.

Nombre ______________________ Fecha __________

Sustantivos en plural

Singular	Plural
un **café**	varios **cafés**
un **sándwich**	algunos **sándwiches**
este **dulce**	estos **dulces**
mi **nariz**	sus **narices**

1 a 6. Escribe la forma correcta plural del sustantivo que aparece entre paréntesis para completar las oraciones.

1. (pasatiempo) El baile de salón es uno de los ______________ de mi tía.
2. (país) Este tipo de baile se lleva a cabo en muchos ______________.
3. (hombre) Las mujeres y los ______________ llevan disfraces extravagantes.
4. Una de las obras infantiles más complicadas para José era aquella en la que debía usar varios (disfraz) ______________.
5. (clave) Una de las ______________ para ganar es practicar, practicar y practicar.
6. (ciudad) En algunas ______________ se organizan competencias de danza de salón.

7 a 12. Encuentra seis errores de sustantivos plurales en el siguiente párrafo. Usa marcas de corrección para corregirlos.

Mi hermano toma clase de danza los viernes. Hay niñas y niño en su clase. La semana pasada, mis padres y yo fuimos a su espectáculo de danza con muchas otras familias. Me senté en primera fila con muchos amigoes. Algunos bailarines llevaban zapatos de tap en sus pieses. Otros interpretaban historias. ¡En un baile, los bailarines iban vestidos como leons! Después del espectáculo, fuimos a dos celebración para los bailarines.

Nombre _______________ Fecha __________

Fluidez de las oraciones

Puedes combinar oraciones con pronombres y conjunciones subordinadas.

Oraciones entrecortadas	Oraciones combinadas
José y su familia se quedaron en Nogales. José y su familia esperaban el permiso para entrar a Estados Unidos.	José y su familia se quedaron en Nogales mientras esperaban el permiso para entrar a Estados Unidos.

1 a 4. Combina cada par de oraciones. Reemplaza el sujeto subrayado con un pronombre. Usa la conjunción subordinada del paréntesis. Escribe la nueva oración en la línea.

1. Papá decidió dejar México. <u>Papá</u> estaba preocupado por la guerra. (porque)

____

____

2. <u>José</u> hacía dibujos muy bonitos de trenes. Todos pensaban que José se convertiría en artista. (puesto que)

____

____

3. José estudió un año inglés con sus amigos. <u>Sus amigos</u> pudieron comprenderlo. (para)

____

____

4. José se sintió solo. <u>José</u> paseaba en un día frío. (cuando)

____

____

Nombre ______________________________ Fecha ____________

Punto de enfoque: Elección de palabras

Usar palabras precisas

Para escribir sobre un tema, usa las palabras que son específicas del tema. Estas palabras clave le dan al lector una idea precisa de lo que estás explicando.

Tema: Comida para mascotas	
Demasiado generales	**Precisas**
comida para perros, agua, sobras	nutrientes, agua, proteínas, carbohidratos, vitaminas, grasas, minerales, pienso para mascotas

Vuelve a escribir las oraciones. Reemplaza las palabras generales subrayadas por palabras más precisas. Elige palabras específicas del tema que se indica entre paréntesis.

1. (cocina) Ayer <u>hice</u> <u>un poco</u> de pan.

   ____

2. (ciencias) Hicimos una <u>actividad</u> en el <u>salón</u> después de clase.

   ____

3. (matemáticas) Corta la hoja <u>en dos pedazos</u> y luego dobla cada pedazo para hacer una <u>forma diferente</u>.

   ____

4. (deportes) Janet <u>hizo</u> un <u>punto</u> cuando pateó la pelota al arco.

   ____

5. (computación) Usa <u>eso que tiene una bola que gira</u> para mover la <u>flecha</u> en el monitor.

   ____

Nombre ______________________ Fecha ____________

Mi primer libro de convivencia en la naturaleza

Tarjetas coleccionables de animales y plantas

Diseña una tarjeta para incluir en una serie de tarjetas coleccionables sobre las relaciones entre los animales y las plantas. Lee las páginas 4 a 6, dibuja el animal que se describe y completa los espacios en blanco.

Los animales — Tarjetas coleccionables

HORMIGA

Nombre de esta hormiga:

____

Características:

____

Planta con la que se relaciona:

____

Nombre ______________________ Fecha ____________

Vuelve a leer las páginas 4 a 6 y contesta las siguientes preguntas sobre las hormigas guerreras en el reverso de la tarjeta coleccionable.

Los animales

Tarjetas coleccionables

DATOS CURIOSOS

- ¿Dónde ponen sus larvas las hormigas guerreras?

____

____

- ¿Qué característica hace que esto sea posible?

____

____

- ¿Qué le ofrecen las hormigas a cambio a la acacia?

____

____

____

____

____

Nombre ______________________ Fecha ____________

Mi primer libro de convivencia en la naturaleza

La naturaleza es noticia

Te pidieron que escribas un artículo informativo para la sección de ciencias naturales del periódico escolar. Usa la información de las páginas 12 a 15 para escribir tu artículo sobre las flores y las abejas y describir cómo se relacionan.

PERIÓDICO ESCOLAR

LAS FLORES Y LAS ABEJAS

____

____

____

____

____

____

____

____

____

____

____

____

Las cochinillas han invadido unas plantaciones de nopal. Escribe un artículo informativo que explique por qué estos insectos escogieron el nopal. Lee las páginas 16 a 18 para descubrir la causa de la invasión. Luego, usa la información de la página 18 como ayuda para sacar conclusiones sobre la relación de estas dos especies.

LAS NOTICIAS DEL DÍA

¡INVASIÓN DE COCHINILLAS!

Conclusión:

Nombre ______________________ Fecha ____________

Guía del lector

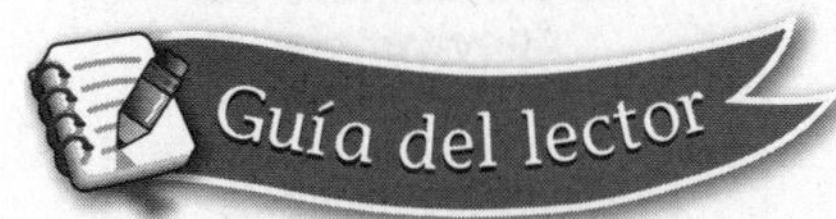

Mi primer libro de convivencia en la naturaleza

Imagina que eres un biólogo que estudió a las mariposas morfo y su hábitat durante un mes. Usa la información de las páginas 20 a 23 para completar la siguiente red sobre las mariposas morfo.

¿Qué es el "pata de vaca"?

____

____

____

¿Qué apariencia tienen las mariposas morfo?

____

____

¿Qué apariencia tiene el "pata de vaca"?

____

____

Mariposas morfo – Pata de vaca

¿De qué se alimentan?

____

____

____

¿Para qué más usan las mariposas morfo al "pata de vaca"?

____

____

____

Nombre ______________________________ Fecha ____________

Escribe un correo electrónico a una colega de otro país contándole tus observaciones sobre el amate y la palma real. Usa la información de las páginas 24 a 27 para brindar detalles de estas plantas y de la relación que mantienen. Usa la fotografía de la página 27 como ayuda para describir la apariencia de estas plantas cuando están juntas.

CORREO ELECTRÓNICO

PARA: María

DE: ______________________________

ASUNTO: Observaciones sobre el amate y la palma real

____

____

____

____

____

____

____

____

____

____

Saludos,

____

Nombre ______________________________ Fecha ______________

Mi primer libro de convivencia en la naturaleza

Relaciones en la naturaleza

Lee las páginas 28 a 35. Escribe una leyenda en cada cuadro que resuma la relación que tiene el animal con la otra especie. Piensa a quién beneficia y a quién afecta esta relación, y escribe tu conclusión debajo de la leyenda.

Cangrejo ermitaño – Caracol

____

____

____

____

____

Oropéndula - Ceiba

____

____

____

____

____

Nombre ______________________ Fecha ____________

Vuelve a leer las páginas 28 a 35. Realiza un dibujo que muestre cómo se relacionan el cangrejo ermitaño y la oropéndula con el caracol y la ceiba. Luego, piensa qué tienen en común ambas relaciones y escribe tu conclusión en las líneas de abajo.

____

____

____

Nombre ____________________ Fecha ____________

Mi primer libro de convivencia en la naturaleza

La zoología es el área de la biología que estudia los animales. Imagina que eres un biólogo de esta área encargado de estudiar a los animales que se describen en las páginas 36 a 43. ¿Qué clases de preguntas te harías?

Vuelve a leer las páginas 36 a 38.

Escribe una pregunta basándote en la relación que une a ambos animales.

Pregunta: ____

____

____

Vuelve a leer las páginas 41 a 43.

Escribe una pregunta basándote en la necesidad de cada uno de estos animales.

Pregunta: ____

____

____

Escribe una pregunta basándote en las diferencias que hay entre ambas relaciones.

Pregunta: ____

____

____

Nombre ______________________ Fecha ____________

Unidad 2
CUADERNO DEL LECTOR

Mi primer libro de convivencia en la naturaleza
Sección 5
Lectura independiente

Ahora, usa las preguntas como guía para escribir entradas sobre estos animales en tu cuaderno de notas. Usa la información del texto y lo que sabes sobre estos animales para responder tus preguntas.

Respuesta 1: ______________________

____

____

____

____

Respuesta 2: ______________________

____

____

____

____

Respuesta 3: ______________________

____

____

____

____

Mi primer libro de convivencia en la naturaleza

Tarjetas ilustradas sobre las relaciones en la naturaleza

Imagina que eres el encargado de realizar un conjunto de tarjetas ilustradas que ayudarán a otros compañeros a comprender algunas relaciones en la naturaleza.

Primero, vuelve a leer las páginas 44 a 47. Define con tus palabras las tres relaciones entre animales y plantas que se describen al final de la página 47 y busca ejemplos en el texto para cada una de ellas.

Nombre ______________________________ Fecha ______________

Ahora, dibuja un ejemplo de las tres relaciones que definiste en el paso anterior en cada una de las tarjetas y rotula la relación en la línea de abajo.

____

____

____

Nombre _______________ Fecha __________

Huracanes: Las tormentas más fuertes del planeta

Colocar leyendas en un diagrama

Lee los dos primeros párrafos de la página 324 de “Huracanes: Las tormentas más fuertes del planeta”. ¿Por qué el ingreso de aire al área de baja presión hace que este se mueva en forma de espiral?

____

____

____

Observa con atención el diagrama. ¿En qué hemisferio se encuentra la tormenta del diagrama? ¿Cómo lo sabes? Escribe una leyenda para explicar el diagrama a los lectores.

____

____

____

¿Por qué el diagrama te sirve para comprender cómo son los vientos en los huracanes? Escribe una leyenda que los describa.

____

____

____

Nombre ____________________ Fecha __________

Huracanes: Las tormentas más fuertes del planeta
Lectura independiente

Lee la página 325. ¿Cómo es el ojo de la tormenta?

____

____

¿Por qué una persona que queda atrapada en el ojo de la tormenta podría pensar que la tormenta ha terminado?

____

____

____

Escribe una leyenda que explique lo que sucede en el ojo de la tormenta y por qué.

____

____

____

Explica cómo el diagrama te ayuda a comprender cómo es el ojo de una tormenta.

____

____

____

Nombre ____________________ Fecha ______________

Huracanes: Las tormentas más fuertes del planeta

Estrategias de vocabulario:
Sufijos -*oso*, -*osa*, -*dad*, -*ado*, -*iento*

Sufijos *–oso*, *–osa*, *–dad*, *–ado*, *–iento*

lanzamiento	peligrosas	despejado	enfriamiento
humedad	velocidad	nuboso	

Usa las palabras del recuadro para completar cada oración. Lee la oración completa para asegurarte de que tenga sentido.

1. El ______________ hace que la humedad se condense.
2. Si el cielo está ______________ es posible que se acerque una tormenta.
3. No todas las tormentas son ______________.
4. El anemómetro mide la ______________ del viento.
5. Si el cielo está ______________ no hay riesgo de tormenta.
6. El higrómetro sirve para medir la ______________ del aire.
7. Gracias al ______________ de un satélite, se descubrió un tifón.

Nombre ____________________ Fecha ____________

Huracanes: Las tormentas más fuertes del planeta
Ortografía: Palabras con *h, ch*

Palabras con *h, ch*

Palabras básicas 1 a 10. Escribe las Palabras básicas que mejor completen los párrafos.

Desde hace varias (1)__________ el aire está sumamente (2)__________. El cielo comienza a nublarse y decido prender la (3)__________ para calentar la casa. Aunque trato de hacer memoria, no recuerdo que haya hecho tanto frío para esta (4)__________. Tendré que buscar en el clóset porque en alguna (5)__________ tiene que estar mi (6)__________ marrón que tanto me abriga durante el invierno.

Cuando hay tanto viento, siempre pienso si no se aproximará un (7)__________. Aunque lo más probable es que se esté formando una tormenta. Espero sea solo eso; por lo menos hasta el momento los noticieros no emitieron ningún aviso ni alerta. Aunque (8)__________ mucho viento arremolinado que filtra por las ventanas de mi (9)__________, creo que solo se trata de un poco de aire frío y (10)__________, y nada más. Me prepararé un café calentito y continuaré con mis tareas. No hay por qué preocuparse...

1. ____________________ 6. ____________________
2. ____________________ 7. ____________________
3. ____________________ 8. ____________________
4. ____________________ 9. ____________________
5. ____________________ 10. ____________________

Palabras avanzadas 11 a 14. En una hoja aparte, escribe una entrada de diario sobre algo que te haya pasado recientemente. Usa cuatro Palabras avanzadas.

Palabras de ortografía

1. huracán
2. hay
3. habitación
4. húmedo
5. hizo
6. horas
7. almohada
8. chimenea
9. muchas
10. percha
11. hambre
12. búho
13. helado
14. ahí
15. chinas
16. poncho
17. fecha
18. capricho
19. cuchilla
20. hemisferio

Palabras avanzadas

bohío
bonachón
ahogarse
ahorrar
anhelar

Nombre ______________________ Fecha ____________

Clasificar palabras de ortografía

Escribe cada Palabra básica junto a la descripción correcta.

palabras que comienzan con *h*	**Palabras básicas:** **Palabras posibles:**
palabras que comienzan con *ch*	**Palabras básicas:** **Palabras posibles:**
palabras que tienen *h* intermedia	**Palabras básicas:** **Palabras avanzadas:** **Palabras posibles:**
palabras que tienen *ch* intermedia	**Palabras básicas:** **Palabras avanzadas:** **Palabras posibles:**

Palabras de ortografía

1. huracán
2. hay
3. habitación
4. húmedo
5. hizo
6. horas
7. almohada
8. chimenea
9. muchas
10. percha
11. hambre
12. búho
13. helado
14. ahí
15. chinas
16. poncho
17. fecha
18. capricho
19. cuchilla
20. hemisferio

Palabras avanzadas

bohío
bonachón
ahogarse
ahorrar
anhelar

Palabras avanzadas Agrega las Palabras avanzadas en tu tabla para clasificar palabras.

Conectar con la lectura Vuelve a revisar *Huracanes: Las tormentas más fuertes del planeta*. Busca palabras con *h* o con *ch*. Escríbelas en la tabla de arriba.

Nombre ____________________ Fecha ____________

Huracanes: Las tormentas más fuertes del planeta
Ortografía: Palabras con *h, ch*

Revisión de ortografía

Encuentra todas las palabras mal escritas y enciérralas en un círculo. Escríbelas correctamente en las líneas de abajo.

Kiko es una mascota perfecta. Tiene muhcas ventajas. Parece perro y camina como un perro. Pero no es necesario sacarlo a caminar varias oras. Kiko tampoco necesita dormir sobre una almoada ni comer comidas especiales. Jamás ensuciará tu ponhco y nunca tendrá ambre. No rompe nada, así que puede quedarse en tu abitación. Además, no ai que bañarlo y no pierde pelos. Es una buena mascota, eso es seguro. A cualquier niño le encantaría Kiko. Kiko siempre está ai y nunca molesta. ¡Kiko es un perro robótico!

1. ____________ 5. ____________
2. ____________ 6. ____________
3. ____________ 7. ____________
4. ____________ 8. ____________

Palabras de ortografía

1. huracán
2. hay
3. habitación
4. húmedo
5. hizo
6. horas
7. almohada
8. chimenea
9. muchas
10. percha
11. hambre
12. búho
13. helado
14. ahí
15. chinas
16. poncho
17. fecha
18. capricho
19. cuchilla
20. hemisferio

Palabras avanzadas
bohío
bonachón
ahogarse
ahorrar
anhelar

Nombre ______________________________ Fecha ______________

Valla, vaya, baya

No confundas las palabras *valla, vaya* y *baya.* Se pronuncian igual, pero su ortografía y su significado son diferentes.

Valla significa "cerco" o "vallado".	Juan saltó una **valla** para buscar la pelota.
Vaya es una forma del verbo *ir.*	Mi abuela espera que **vaya** a visitarla mañana.
Baya es el fruto de ciertas plantas.	El tomate es un tipo de **baya**.

Pregunta para reflexionar
¿Qué palabra tiene sentido en la oración?

Completa las oraciones con *valla*, *vaya* o *baya*, según corresponda. Escribe la oración correcta en la línea.

1. Oí el pronóstico y no creo que (valla, vaya, baya) a llover mañana.

____

2. No creo que María (valla, vaya, baya) a la escuela con esta tormenta.

____

3. Los atletas participarán en una carrera de (vallas, vayas, bayas) aunque llueva.

____

4. No pude recolectar las (vallas, vayas, bayas) del árbol debido a la tormenta.

____

5. Los fuertes vientos derribaron una (valla, vaya, baya).

____

Nombre ______________________ Fecha ____________

Ahí, *hay*, *ay*

No confundas las palabras *ahí*, *hay* y *ay*. Se pronuncian igual, pero su ortografía y su significado son diferentes.

Ahí significa "en ese lugar".	**Ahí** está lo que estaba buscando.
Hay es una forma del verbo *haber*.	**Hay** muchas nubes esta mañana.
Ay es una interjección que expresa dolor.	¡**Ay**! Me golpeé la cabeza.

Pregunta para reflexionar
¿Qué palabra tiene sentido en la oración?

Completa las oraciones con *ahí*, *hay* y *ay*, según corresponda. Escribe la oración correcta en la línea.

1. Mis amigos me contaron que (ahí, hay, ay) se produjo el tornado.

   ____

2. (Ahí, Hay, Ay) que ayudar a los damnificados.

   ____

3. ¡(Ahí, Hay, Ay), qué golpe me di al tropezar!

   ____

4. (Ahí, Hay, Ay) había una piedra y me la llevé por delante.

   ____

5. (Ahí, Hay, Ay) que tener cuidado si los vientos forman remolinos.

   ____

Nombre ______________________ Fecha ____________

Huracanes: Las tormentas más fuertes del planeta
Gramática: Palabras que se suelen confundir

Haber, a ver

No confundas las palabras *haber* y *a ver.* Se pronuncian igual, pero su ortografía y su significado son diferentes.

A ver es una preposición más un verbo.	Durante las tormentas, me siento **a ver** la lluvia caer.
Haber es un verbo.	No recuerdo **haber** escuchado un trueno esta mañana.

Pregunta para reflexionar
¿Qué palabra tiene sentido en la oración?

Completa las oraciones con *a ver* o *haber* según corresponda. Escribe la oración correcta en la línea.

1. Las personas se detienen (a ver, haber) los daños que provocó la tormenta en todo el pueblo.

____

____

2. Deben (a ver, haber) pasado al menos veinte años desde la última tormenta tan fuerte.

____

____

3. Mi mamá salió al jardín (a ver, haber) si se habían dañado las flores.

____

4. Las autoridades de la escuela informan que no va a (a ver, haber) clases hasta el lunes.

____

____

5. –¿Puedo ir (a ver, haber) la lluvia desde la casa del árbol? –preguntó Lily a su padre.

____

____

Nombre ______________________ Fecha ____________

Clases de verbos

Verbo de acción	Verbo auxiliar y verbo principal
Juan corre bajo la lluvia.	Juan ha corrido mucho bajo la lluvia.

1 a 4. Subraya el verbo de acción en cada oración.

1. El granizo golpeaba los techos durante la tormenta.
2. Las piedras rompieron muchas ventanas en toda la ciudad.
3. Los carros sufren más daños que otras cosas cuando cae granizo.
4. Ahora, pequeñas abolladuras cubren el techo de nuestro carro.

5 a 8. Subraya una vez el verbo auxiliar y dos veces el verbo principal.

5. Jaime está leyendo un artículo sobre condiciones meteorológicas extremas.
6. Ha consultado muchos libros sobre las tormentas.
7. Está escribiendo un ensayo sobre las tormentas eléctricas.
8. Su maestro de ciencias había aprobado el tema el mes pasado.

9 y 10. Combina las oraciones y forma una sola con un predicado compuesto. Escribe la oración en la línea.

9. Hoy llueve a cántaros. Truena.

____

10. En el desierto, la gente sufre mucho calor durante el día. Disfruta de las temperaturas más frescas durante la noche.

____

____

Nombre ______________________________ Fecha ______________

Convenciones

Usa las palabras correctas para que tu escritura sea clara. Evita confundirte con palabras que se pronuncian igual, pero cuya ortografía y significado son diferentes.	
valla, vaya, baya	Me dicen que **vayas** a la casa de Juana antes de la tormenta. Tienes que saltar dos **vallas** para llegar. Está justo al lado del árbol que tiene **bayas**.
ahí, hay, ay	Juana vive **ahí**, en esa casa amarilla. **Hay** probabilidades de que se produzca un tornado en el vecindario. ¡**Ay**, qué miedo dan las tormentas!
a ver, haber	¿Puedes salir **a ver** si las ventanillas del carro están cerradas? Creo **haber** escuchado que habrá una lluvia muy fuerte hoy.

1 a 10. Encierra en un círculo la palabra correcta que está entre paréntesis.

1. –¿Viste los rayos que (ahí, hay, ay) por allá? –preguntó Shani.
2. –¡(Ahí, Hay, Ay)! Ese trueno me aturdió mucho.
3. Shani cree que es interesante sentarse (a ver, haber) las tormentas eléctricas.
4. Tal vez (valla, vaya, baya) a comprar un termómetro a la tienda.
5. Si el tiempo sigue bueno, pronto saldrán las primeras (vallas, vayas, bayas) de la planta.
6. ¡(Ahí, Hay, Ay)! ¡Qué manera de llover!
7. Me gustaría (a ver, haber) ido al cine en lugar de esperar la tormenta.
8. Sin embargo, ellos son mis amigos. Me quedaré (a ver, haber) la tormenta con ellos.
9. El aire fluye donde (ahí, hay, ay) más presión.
10. La tormenta comenzó a bordear las (vallas, vayas, bayas) que nos protegían de las olas.

Nombre ______________________ Fecha __________

Huracanes: Las tormentas más fuertes del planeta
Escritura: Escritura de opinión

Punto de enfoque: Ideas

Detalles vívidos

Usa buenas razones y detalles vívidos para apoyar tu opinión y hacer tu escritura más persuasiva.

Razón	Detalle vívido
Los huracanes producen vientos y lluvias que causan mucho daño.	El viento sopla como un monstruo furioso y lanza las cosas a su alrededor. El metal rasguña las calles como uñas en el pizarrón. La lluvia azota todo y convierte las calles en ríos.

A. Completa los espacios en blanco con el título de tu libro favorito. Luego escribe dos detalles de apoyo vívidos que persuadan a otros de que el libro es bueno.

Mi libro preferido es: ______________________

Me gusta este libro porque ______________________

Detalle de apoyo vívido: ______________________

____

Detalle de apoyo vívido: ______________________

____

B. Trabaja con un compañero. Elijan la clase de tormenta que crean más peligrosa. Escriban un párrafo para persuadir a otros para que estén de acuerdo con ustedes. Comiencen con un enunciado de opinión sobre la clase de tormenta. Agreguen la razón principal e incluyan detalles vívidos para apoyar su razón.

____

____

____

____

____

____

Nombre ______________________ Fecha __________

Cuando la Tierra se estremeció
Lectura independiente

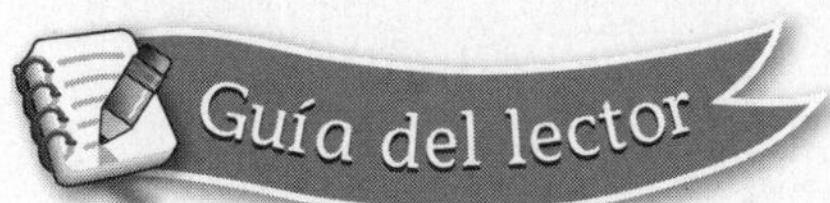

Cuando la Tierra se estremeció

El diario de Ah Sing

El papá de Chin, Ah Sing, escribió en su diario y describió los sucesos del 18 de abril de 1906. Usa los detalles de la historia para inferir lo que pensaba el padre de Chin cuando sucedió el terremoto.

Vuelve a leer las páginas 350 y 351 y usa estos comienzos de oraciones para completar la entrada de diario.

Miércoles 19 de abril de 1906

Ayer nos estábamos aseando con mi hijo cuando...

____

____

____

Vuelve a leer las páginas 354 y 355 y continúa la entrada de diario.

Lo peor había sucedido.

____

____

____

Nombre ______________________ Fecha __________

Cuando la Tierra se estremeció
Lectura independiente

Vuelve a leer las páginas 356 y 357 y continúa la entrada de diario.

Chin comenzó a entrar en pánico…

____

____

____

____

____

Si Ah Sing pudiera hablar con el dragón de la Tierra, ¿qué piensas que le diría? Apoya tu idea con lo que sabes del carácter de Ah Sing.

____

____

____

____

____

Nombre ______________________________ Fecha ______________

Cuando la Tierra se estremeció
Estrategias de vocabulario:
Sinónimos

Sinónimos

destrozó	destructivos	escapar	cariñoso
audaz	estremece	aterra	

Lee cada oración. Vuelve a escribir cada una con uno de los sinónimos de arriba.

1. El valiente guerrero condujo a sus tropas en la batalla.
____
2. Sabemos cómo salir si hay un incendio en la escuela.
____
3. Ocurren terremotos dañinos en algunos lugares del mundo.
____
4. El florero se rompió durante la mudanza.
____
5. Mi hermano mayor es muy protector conmigo.
____
6. Mi perro se asusta con el sonido de los truenos.
____
7. Durante un terremoto, la Tierra se mueve.
____

Palabras con *ñ*

Palabras básicas 1 a 10. Completa el crucigrama. Escribe la Palabra básica para cada pista.

Horizontales

3. corta, de tamaño menor
7. agregar
9. animalito que tiene ocho patas

Verticales

1. estropeado
2. persona que corta o vende leña
4. partes de los dedos
5. indica con la mano
6. sumergir el cuerpo en agua
8. tela

Palabras avanzadas 11 a 14. Fuiste de visita a la casa de verano de un amigo. En una hoja aparte, escribe lo que sucedió. Usa las cinco Palabras avanzadas.

Palabras de ortografía

1. uñas
2. añicos
3. gruñe
4. muñeco
5. pequeña
6. araña
7. señala
8. añadir
9. bañar
10. cañada
11. cañón
12. cuña
13. cuñado
14. dañado
15. leñador
16. mañana
17. muñeca
18. niña
19. pañal
20. paño

Palabras avanzadas

mañoso
puñetazo
reñir
señorial
viñedo

Nombre ______________________ Fecha ____________

Cuando la Tierra se estremeció
Ortografía: Palabras con *ñ*

Clasificar palabras de ortografía

Escribe cada Palabra básica junto a la descripción correcta.

palabras de dos sílabas	**Palabras básicas:** **Palabras avanzadas:** **Palabras posibles:**
palabras de tres sílabas	**Palabras básicas:** **Palabras avanzadas:** **Palabras posibles:**
palabras de cuatro sílabas	**Palabras avanzadas:** **Palabras posibles:**

Palabras avanzadas Agrega las Palabras avanzadas en tu tabla para clasificar palabras.

Conectar con la lectura Vuelve a revisar *Cuando la Tierra se estremeció*. Busca palabras con *ñ*. Escríbelas en la tabla de arriba.

Palabras de ortografía

1. uñas
2. añicos
3. gruñe
4. muñeco
5. pequeña
6. araña
7. señala
8. añadir
9. bañar
10. cañada
11. cañón
12. cuña
13. cuñado
14. dañado
15. leñador
16. mañana
17. muñeca
18. niña
19. pañal
20. paño

Palabras avanzadas

mañoso
puñetazo
reñir
señorial
viñedo

Nombre ______________________ Fecha __________

Revisión de ortografía

Encuentra todas las palabras mal escritas y enciérralas en un círculo. Escríbelas correctamente en las líneas de abajo.

A mi compañera de escuela, Lorena, le gusta contarme de sus aventuras. Hace un año fue a Puerto Rico con su familia. Me dijo que vio un gran canión, campos llenos de caña de azúcar, un viniedo, varias aves de color añil y muchos animales raros. También dijo que vio una arana del tamaño de un plato, pero me cuesta creerlo. Lorena es una buena nina, pero exagera a veces. Ella, sus padres, su hermana y su cunado se quedaron en un hotel seniorial. Explicó que todas las señales estaban iluminadas con luces de neón, que había juegos de video en todas las habitaciones y una pequenia piscina en la que nadaba cada manana. Si yo hubiera ido con ella, ¡tal vez nunca habríamos salido del hotel!

1. ______________ 5. ______________
2. ______________ 6. ______________
3. ______________ 7. ______________
4. ______________ 8. ______________

Palabras de ortografía

1. uñas
2. añicos
3. gruñe
4. muñeco
5. pequeña
6. araña
7. señala
8. añadir
9. bañar
10. cañada
11. cañón
12. cuña
13. cuñado
14. dañado
15. leñador
16. mañana
17. muñeca
18. niña
19. pañal
20. paño

Palabras avanzadas

mañoso
puñetazo
reñir
señorial
viñedo

Nombre ______________________ Fecha __________

Adjetivos posesivos

Los **adjetivos posesivos** se usan para indicar que algo pertenece a alguien o es su posesión. Concuerdan en género y en número con los sustantivos a los que modifican y son *mi(s), tu(s), su(s), nuestro(s)/ nuestra(s).*

adjetivo posesivo
El dragón de la Tierra desató su furia.

Pregunta para reflexionar
¿Qué palabra de la oración indica posesión o pertenencia?

1 a 8. Completa las oraciones con un adjetivo posesivo.

1. ______ padre no le tiene miedo a los terremotos.
2. Él siempre cuenta una historia sobre un temblor que sacudió ______ ciudad.
3. Durante el terremoto, todos ______ hermanos se escondieron debajo de una mesa.
4. ________ escuela fue construida para soportar terremotos.
5. Puedes escribir a ________ abuela sobre el terremoto.
6. ________ pies corrieron rápido ante el primer temblor.
7. El temblor sacudió todos los muebles de ________ casa.
8. Lo primero que debemos pensar es en ________ seguridad.

Nombre ______________________________ Fecha ______________

Cuando la Tierra se estremeció
Gramática: Adjetivos y pronombres posesivos

Pronombres posesivos

Los **pronombres posesivos** se usan en lugar de una palabra o una frase. Se usan solos, sin un sustantivo, y son *mío(s)/mía(s), tuyo(s)/tuya(s), suyo(s)/suya(s), nuestra(s)/nuestro(s).*

pronombre posesivo
Ese cuaderno es mío.
¿Este lápiz es tuyo?

Pregunta para reflexionar
¿La palabra que indica posesión se usa en lugar de una palabra o una frase?

1 a 7. Completa las oraciones con un pronombre posesivo.

1. Este libro es de Juan. Es ____________.
2. Aquel es tu libro. Es ____________.
3. Mi casa queda en esta cuadra, ¿y la ____________ dónde queda?
4. Tu jardín es enorme, el ____________ es muy pequeño.
5. La clase del maestro Pérez es aburrida. La ____________ es muy interesante.
6. Este es mi perro. Este perro es ____________.
7. Tu ropa está en el primer cajón. La ____________ está en el segundo.

Nombre ______________________________ Fecha ____________

Formas de indicar posesión

Se pueden usar frases con la preposición *de* junto a un sustantivo para indicar posesión.
de + sustantivo
la casa de Juan   los lápices de Martín

1 a 8. Vuelve a escribir las oraciones o las frases reemplazando la frase con *de* por un adjetivo posesivo.

1. El perro de mi hija es negro. ______________
2. El salón de clases de nosotros da al patio de recreo.
   ____
3. El libro de dragones de mi biblioteca es gigante.
   ____
4. Ellos son los primos de José. ______________
5. Esta es la casa de mis tíos. ______________
6. Las respuestas de los estudiantes ______________
7. Las preguntas de los maestros ______________
8. Los días de vacaciones de los estudiantes aumentarán.
   ____

Nombre ______________________ Fecha ____________

El gerundio

Frase verbal con gerundio en presente	está cantando
Frase verbal con gerundio en pasado	estaba cantando
Frase verbal con gerundio en futuro	estará cantando

1 a 5. Subraya la frase verbal con gerundio en cada oración. Escribe *presente, pasado* o *futuro* según corresponda.

1. Los científicos están estudiando la falla de San Andrés. ____________
2. En ciencias, estoy aprendiendo que esta falla produce muchos terremotos. ____________
3. Solo la próxima semana, se estarán produciendo muchos temblores allí. ____________
4. Hace algunos años, se estaba produciendo un terremoto muy fuerte en California. ____________
5. Los habitantes de la región se estaban mudando a otros lugares. ____________

6 a 9. Corrige el siguiente párrafo. Contiene cuatro errores en los gerundios. Escribe la forma correcta en las líneas que están debajo.

En la clase de ayer, estamos escuchando un viejo programa radial en el que se daba cuenta de un terremoto. Durante el terremoto, el periodista dijo: "El suelo estará temblando con tanta fuerza que apenas puedo mantenerme en pie. Los habitantes de la ciudad estaban huyendo de aquí". Cuando terminó el terremoto, dijo: "La gente estaba regresando mañana para comenzar a reconstruir sus casas".

6. ____________ 8. ____________

7. ____________ 9. ____________

Nombre ______________________________ Fecha ____________

Ideas

Puedes usar los adjetivos posesivos para mostrar posesión y que los detalles sean más claros.

Detalle poco claro	Detalle claro
La sirena era más fuerte que los gritos.	La sirena era más fuerte que los gritos de mi hermanito.

1 a 6. Vuelve a escribir la oración para indicar la relación de posesión entre la palabra subrayada y la palabra entre paréntesis. Escribe una oración nueva en la línea.

1. La sirena de tornado asustó a los visitantes. (ciudad)

____

2. El sonido fuerte y agudo hizo que las ventanas temblaran. (casa)

____

3. Jacob dijo que debíamos correr hasta el refugio. (vecinos)

____

4. El refugio es una habitación que se encuentra en el sótano. (casa)

____

5. Mi tío nos entretuvo con canciones mientras esperábamos la señal de que todo estaba bien. (artistas)

____

____

6. La música ayudó a todos a relajarse, incluso al perro. (mi hermano)

____

Nombre ______________________ Fecha ____________

Punto de enfoque: Ideas

Conectar ideas y opiniones

Cuando escribas un párrafo de problema y solución, sigue estos pasos:

1. Plantea el problema con claridad.
2. Explica por qué crees que es un problema.
3. Da una o más soluciones posibles.
4. Usa hechos y detalles para apoyar la posible solución.
5. Conecta con claridad los detalles y hechos de apoyo a tu opinión con palabras y frases.

Piensa en un problema que puedes ayudar a resolver. Completa el resumen de un párrafo de problema y solución. Usa palabras de enlace cuando sea posible.

1. Problema: ____

____

2. Razón: ____

____

3. Posible solución: ____

____

a. Hecho/ejemplo: ____

____

b. Hecho/ejemplo: ____

____

4. Mi solución: ____

____

Nombre ______________________ Fecha ____________

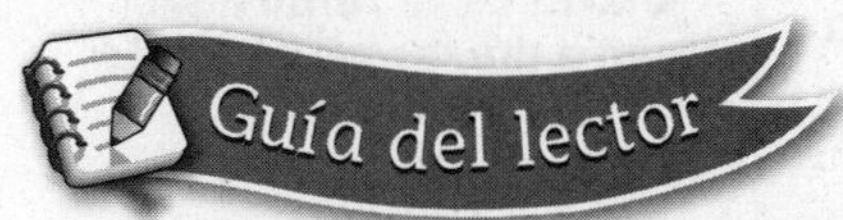

Diario de la Antártida: Cuatro meses en el fondo del mundo

¡No hagan esto en sus casas!

El 24 de diciembre, la autora de *Diario de la Antártida* experimentó una situación muy peligrosa. Busca la entrada de diario y vuelve a leerla. Luego responde estas preguntas.

¿Cómo está organizado o estructurado el texto de esta entrada?

____

¿Cuál es el problema de la autora en esta sección?

____

¿Qué puedes inferir que le sucedió a la autora para que se cayera? ¿Qué detalles te ayudan a hacer esta inferencia?

____

____

¿Qué hace la autora para resolver el problema? ¿Cómo se asegura de salir a salvo del glaciar?

____

____

¿Qué piensas que un guía le hubiera dicho que hizo mal?

____

Nombre ______________________________ Fecha ____________

Diario de la Antártida: Cuatro meses en el fondo del mundo
Lectura independiente

Imagínate que eres la autora y que estás escribiendo la introducción a *Diario de la Antártida*. Escribe una introducción para el libro en la que:

- **uses las ideas principales y los detalles para dar un breve vistazo del contenido del libro,**
- **digas cómo está estructurado el libro y por qué lo estructuraste de esa manera, y**
- **expliques los peligros de visitar la Antártida y adviertas a los lectores que deben seguir ciertas reglas si visitan el lugar.**

Introducción

Nombre ______________________ Fecha __________

Diario de la Antártida
Estrategias de vocabulario: Raíces griegas y latinas: *spect-*, *struct-*, *tele-*, *vis-*

Raíces griegas y latinas: *spect-*, *struct-*, *tele-*, *vis-*

Cada palabra del recuadro proviene de una palabra griega o latina. *Spect-* significa *mirar* o *ver*. *Vis-* también significa *ver*. *Struct-* significa *construir* y *tele-* significa *lejos*. Usa los significados de las raíces griegas y latinas como ayuda para entender los significados de las palabras.

aspecto	instructor	telescopio	visión
inspector	visibles	televisión	constructor

Completa cada oración con una de las palabras del recuadro. Escribe la palabra correcta en la línea.

1. Usamos un ____________ para observar el planeta Júpiter.
2. La clase miró un programa interesante en la ____________.
3. Vendrá un ____________ para explicarnos qué hacer durante un simulacro de incendio.
4. Es importante que nuestras trabajos escritos tengan un ____________ prolijo y ordenado.
5. Los gérmenes son muy pequeños y solo son ____________ con un microscopio.
6. Necesito lentes para corregir mi ____________.
7. Un ____________ de la policía realiza trabajos peligrosos.
8. Todo ____________ debe ponerse un casco para trabajar.

Nombre ______________________ Fecha ____________

Palabras con *r* fuerte

Palabras básicas 1 a 8. Escribe la Palabra básica que mejor reemplace a la palabra o palabras subrayadas.

1. El florero se ha partido. ____________
2. El mueble está lleno de polvo. ____________
3. Esta ciudad está en un área montañosa. ____________
4. No todo lo que nos cuentan es cierto. ____________
5. No gané nada en el sorteo. ____________
6. El suelo estaba lleno de piedritas. ____________
7. Por suerte, pronto encontramos un albergue donde esperar a que pasara la tormenta. ____________
8. No me gustan las películas de terror. ____________

Palabras avanzadas 9 a 11. En una hoja aparte, escribe un párrafo breve sobre una noche en que saliste a comer con tu familia o amigos y luego jugaron un juego de mesa. Usa tres de las Palabras avanzadas.

Palabras de ortografía

1. arrastro
2. guijarros
3. gorra
4. derretimos
5. tierra
6. horror
7. arriba
8. terrestre
9. región
10. refugio
11. rocoso
12. territorio
13. radio
14. raíz
15. real
16. rebaja
17. rifa
18. roto
19. rodilla
20. aburrido

Palabras avanzadas

racimo
ráfaga
rebaño
borrador
acorralar

Nombre ______________________ Fecha ____________

Clasificar palabras de ortografía

Escribe cada Palabra básica junto a la descripción correcta.

palabras que empiezan con *r*	**Palabras básicas:** **Palabras avanzadas:** **Palabras posibles:**
palabras con *rr*	**Palabras básicas:** **Palabras avanzadas:** **Palabras posibles:**

Palabras avanzadas Agrega las Palabras avanzadas en tu tabla para clasificar palabras.

Conectar con la lectura Vuelve a revisar *Diario de la Antártida.* Busca palabras con la *r* fuerte. Escríbelas en la tabla de arriba.

Palabras de ortografía

1. arrastro
2. guijarros
3. gorra
4. derretimos
5. tierra
6. horror
7. arriba
8. terrestre
9. región
10. refugio
11. rocoso
12. territorio
13. radio
14. raíz
15. real
16. rebaja
17. rifa
18. roto
19. rodilla
20. aburrido

Palabras avanzadas

racimo
ráfaga
rebaño
borrador
acorralar

Revisión de ortografía

Encuentra todas las palabras mal escritas y enciérralas en un círculo. Escríbelas correctamente en las líneas de abajo.

Me gusta ir ariba, sentarme en la terraza y oler las flores en la mañana. Un día, cuando estaba afuera y un poco aburido, oí un susurro. Fui hacia el roble a buscar qué emitía ese sonido tan peculiar. De detrás de un montoncito de guijaros salió un ¡ratón! Me sorprendió porque nunca hay ratones por esta rregión. El ratón me miró y en vez de correr, se quedó parado con carita de horor. Miré sus ojos tristes y su naricita rosada, y llegué a la conclusión de que me necesitaba. Pobrecito, tenía la barriga vacía. Así que decidí darle un poco de arroz. Después de comer, el ratoncito, mi amiguito nuevo, me miró con una sonrisa como queriendo decir "¡Qué rico!" y volvió a su rrefugio.

Ahora, nunca cierro la verja del jardín y todos los días dejo regalos de comida en la rraíz del roble para mi amigo pequeño. Creo que este fin de semana le voy a hacer una casita con tiera, agua y ramitas.

1. ______________________
2. ______________________
3. ______________________
4. ______________________
5. ______________________
6. ______________________
7. ______________________
8. ______________________

Palabras de ortografía

1. arrastro
2. guijarros
3. gorra
4. derretimos
5. tierra
6. horror
7. arriba
8. terrestre
9. región
10. refugio
11. rocoso
12. territorio
13. radio
14. raíz
15. real
16. rebaja
17. rifa
18. roto
19. rodilla
20. aburrido

Palabras avanzadas

racimo
ráfaga
rebaño
borrador
acorralar

Nombre ______________________ Fecha ____________

Poder, podría

Diario de la Antártida
Gramática: Verbos modales

Verbo modal	Qué expresa	Ejemplos
poder	permiso para realizar una acción; posibilidad de que una acción suceda; capacidad para realizar una acción	Mis padres dijeron que mi hermana **puede** ir al viaje escolar. **Puede** ver la exposición. Si aprende mucho, **puede** sacar una buena nota.
podría	posibilidad menos probable de que una acción suceda	La clase **podría** ver también los osos polares.

Preguntas para reflexionar
¿Qué palabra es un verbo modal? ¿Habla sobre la posibilidad de una acción?

1 a 5. Completa las oraciones con un verbo modal de la tabla.

1. Cada vez que nieva, Chantal ________________ ver la nieve caer desde su ventana.
2. Se pregunta si algún día ________________ visitar el Polo Ártico.
3. Sus padres dijeron que ________________ ir después de que termine la escuela secundaria.
4. Chantal piensa que ________________ trabajar mucho para poder ahorrar el dinero suficiente para el viaje.
5. ________________ imaginarse lo increíble que sería ver un oso polar.

Nombre ______________________________ Fecha ____________

Deber, debería

Verbo modal	Qué expresa	Ejemplos
deber	La acción tiene que ocurrir obligatoriamente.	Los visitantes de la Antártida **deben** estar acompañados por un guía experimentado.
debería	La acción probablemente tendría que ocurrir.	Las personas que visitan la Antártida **deberían** aprender sobre el área antes de viajar.

Preguntas para reflexionar
¿Qué palabra es un verbo modal? ¿Expresa los sentimientos u opiniones del escritor?

1 a 6. Completa las oraciones con un verbo modal de la tabla.

1. ________________ escuchar a mi tío hablar sobre su trabajo en la Antártida.
2. Quiero acompañarlo en su viaje, pero dijo que ________________ ser mayor de edad para poder viajar.
3. Antes de que me permita acompañarlo, dijo que ________________ hacer un entrenamiento especial para saber con qué voy a encontrarme allá.
4. También piensa que ________________ trabajar mucho para alcanzar un buen estado físico.
5. Por supuesto que para ir, primero ________________ conseguir el permiso de mis padres.
6. ________________ empezar a pensar en formas de convencerlos.

Nombre ______________________ Fecha __________

Cómo usar verbos modales

Verbo modal	Qué expresa
poder	Alguien tiene permiso y/o capacidad para hacer la acción.
deber	La acción debe suceder obligatoriamente.

Pregunta para reflexionar
¿Qué verbo modal expresa mi idea con claridad?

1 a 4. Encierra en un círculo el verbo modal entre paréntesis que expresa con claridad la idea de la oración.

1. Hoy la maestra nos dijo que (podemos, debemos) escribir nuestros ensayos de fin de semestre sobre la Antártida.
2. –Todos (pueden, deben) hacer su investigación en la biblioteca o en línea, así que elijan la opción que prefieran –dijo la maestra.
3. Si deseo sacar buenas notas, (debo, puedo) estudiar mucho.
4. Según las instrucciones, (podemos, debemos) escribir sobre el clima, el suelo o los animales de la Antártida.

5 y 6. Escribe el verbo modal que mejor exprese la idea sobre la línea.

5. Para dar lo mejor de mí en este informe, ______________ encontrar un tema sobre el cual quiera aprender.
6. Mañana, preguntaré si ______________ escribir sobre las expediciones científicas a la Antártida.

Nombre ______________________________ Fecha ____________

Oraciones compuestas y complejas

Para formar una oración compuesta, usa una conjunción coordinante para unir dos oraciones simples. Usa *y* para unir dos ideas, *pero* para indicar contraste y *o* para indicar opciones.	El hombre llegó al camarote **y** su perro estaba con él. Podían caminar **o** podían nadar antes de que se hiciera de noche. Nadar podría ser divertido, **pero** hacía demasiado frío.
Para formar una oración compleja, usa una conjunción subordinante para unir una oración simple y una cláusula.	Al perro le encanta dar paseos en invierno **porque** le gusta mucho la nieve. **Como** estaba por nevar, el hombre y su perro dieron un breve paseo.

1 a 3. En las siguientes oraciones compuestas, escribe la conjunción que corresponda según el propósito que se indica entre paréntesis. Añade una coma en la que corresponda.

1. (unir) Se están formando nubes __________ caerá nieve.
2. (indicar contraste) La temperatura está subiendo __________ el viento sopla fuerte.
3. (indicar opciones) ¿Llegará Martín a tiempo a casa __________ Nina ya estará dormida?

4 a 6. En las siguientes oraciones complejas, subraya una vez la oración simple y dos veces la cláusula. Encierra en un círculo la conjunción subordinante.

4. Cuando se desata un temporal, todo el mundo se queda dentro de la casa.
5. Aunque a Milo le encanta la nieve, se duerme junto al calor de la estufa durante las tormentas de nieve.
6. Las puertas y las ventanas golpean porque el viento es muy fuerte.

Nombre ______________________ Fecha __________

Convenciones

Verbo modal	Qué expresa	Ejemplos
poder	capacidad presente	Puedo caminar con zapatos para la nieve.
podría	capacidad pasada, posibilidad presente	Yo podría ir el próximo año, si quisiera.

1 a 7. Completa las oraciones con un verbo modal de la tabla.

1. ______________________ escribir un ensayo sobre la Antártida.
2. Si me lo propusiese, ______________________ viajar a la Antártida cuando sea grande.
3. Hoy en día, ¡todo el mundo ______________________ visitar el Polo Sur!
4. Nunca ______________________ hacer un viaje a un lugar tan lejano.
5. Los exploradores de la actualidad ______________________ controlar las temperaturas, incluso en el espacio.
6. En esta temporada, el número de turistas que visitarán la Antártida ______________________ llegar a 35,000.
7. Los turistas ______________________ llegar a la Antártida por vía aérea o marítima.

Nombre ________________________ Fecha ____________

Diario de la Antártida
Escritura: Escritura de opinión

Punto de enfoque: Ideas
Carta persuasiva

Tono inapropiado	Tono formal y amable
Debes ir a ver los muñecos de nieve y las esculturas.	Quisiera invitarte a ver los muñecos de nieve y las esculturas.

A. Lee las secciones de la siguiente carta. Cambia algunas palabras para que tus ideas suenen más formales y amables.

Tono inapropiado	Tono formal y amable
1. ¡Hola, María!	____________________
2. ¿Vamos al museo?	____________________ al museo con ____________
3. Hay algo de la Antártida.	____________________ la Antártida.

B. Vuelve a escribir cada oración con un tono más formal y amable. Agrega o quita palabras, usa sinónimos o cambia la estructura de la oración para expresar tus ideas de forma adecuada.

En parejas/Para compartir **Trabaja junto con un compañero para presentar razones para ir al museo.**

Tono inapropiado	Tono formal y amable
4. Y esto es lo mejor: ¡hay pingüinos en vivo en el museo!	
5. Oí que iban a tener una presentación de pingüinos.	

Nombre ______________________ Fecha ____________

Vida y momentos de la hormiga

¿Cuál es el propósito?

Piensa que eres el ilustrador contratado para crear una ilustración para una de las páginas de *Vida y momentos de la hormiga*. Analiza las ilustraciones de las páginas 416 y 417 y responde las preguntas como ayuda para crear la ilustración.

Vuelve a leer la página 416. ¿Cuál es la idea principal de cada párrafo?

____

____

Describe la ilustración de las páginas 416 y 417. ¿Qué muestra? ¿Cómo están vestidas las hormigas?

____

____

¿Cómo te ayuda la ilustración de estas páginas a comprender la idea principal de la sección?

____

____

¿Cuál es el propósito del autor al mostrar esta ilustración?

____

____

Nombre ______________________ Fecha ____________

Vida y momentos de la hormiga
Lectura independiente

Haz una ilustración en la que muestres el propósito principal del autor de *Vida y momentos de la hormiga*. Rotula partes importantes de la ilustración y escribe una leyenda.

Nombre ______________________ Fecha __________

Sufijos *-able, -ible*

apetecible	sociable	visible
agradables	incomparable	rompible

Cada una de las siguientes oraciones tiene una palabra con el sufijo *-able* o *-ible*. Completa cada oración.

1. Una manzana de plástico no es apetecible porque
____

2. Un suceso incomparable de mi vida es
____

3. Las personas más agradables son las que
____

4. Cuando digo que una persona es sociable, me refiero a
____

5. Algo que es visible en el cielo de noche es
____

6. Una cosa que es rompible es
____

Palabras con *r* suave

Palabras básicas 1 a 10. Usa las pistas para llenar el crucigrama con las Palabras básicas de ortografía.

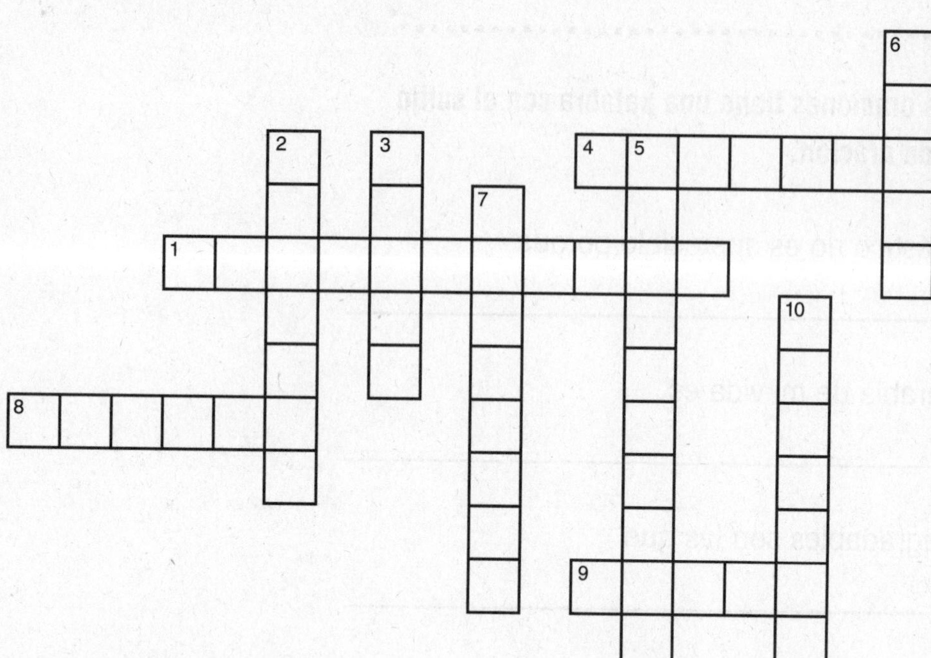

Palabras de ortografía

1. número
2. hormigas
3. sendero
4. importantes
5. jardines
6. superan
7. fueran
8. abecedario
9. abordar
10. abrazar
11. barco
12. bailarín
13. bolígrafo
14. brillo
15. cafetería
16. calamar
17. dardo
18. farol
19. girar
20. hilera

Palabras avanzadas

abalorio
abolir
balbucear
calcular
debatir

Horizontales

1. que tienen importancia
4. tiene diez tentáculos
8. línea
9. dar vueltas

Verticales

2. vencen obstáculos
3. objeto que ilumina
5. serie de letras de un idioma
6. algo que flota en el agua
7. donde se cultivan flores
10. camino

Palabras avanzadas 11 a 14. Escribe un cuento sobre un grupo ecológico que ayuda al planeta. Usa tres Palabras avanzadas. Escribe en una hoja aparte.

Nombre ______________________ Fecha ______________

Clasificar palabras de ortografía

Escribe cada Palabra básica debajo de la descripción correcta.

palabras de dos sílabas	palabras de tres sílabas	palabras con más de tres sílabas
Palabras básicas:	Palabras básicas:	Palabras básicas:
		Palabras avanzadas:
	Palabras avanzadas:	

Palabras avanzadas Agrega las Palabras avanzadas en tu tabla para clasificar palabras.

Conectar con la lectura Vuelve a revisar *Vida y momentos de la hormiga*. Busca palabras con *r* suave. Escríbelas en la tabla de arriba.

Palabras de ortografía

1. número
2. hormigas
3. sendero
4. importantes
5. jardines
6. superan
7. fueran
8. abecedario
9. abordar
10. abrazar
11. barco
12. bailarín
13. bolígrafo
14. brillo
15. cafetería
16. calamar
17. dardo
18. farol
19. girar
20. hilera

Palabras avanzadas

abalorio
abolir
balbucear
calcular
debatir

Nombre ______________________ Fecha __________

Revisión de ortografía

Encuentra todas las palabras mal escritas y enciérralas en un círculo. Escríbelas correctamente en las líneas de abajo.

¿Te gustaría compartir tu casa con más de cincuenta de tus mejores amigos? Sería algo diferente, ¿verdad? El hormiguero de algunas horrmigas puede contener un númerro mayor de 8 millones de hormigas. Son tantas que pueden cubrir el vrillo de un fariol. A las hormigas les gusta comer termitas, orugas e insectos muertos que se encuentran en la madera o en el suelo. Es como si los jaldines del vecindario fuerran una cafeteiría para las hormigas. También comen cualquier fruta, como una manzana o una toronja. Es una de sus funciones más útiles. Las hormigas son tesoros impoltantes para el medio ambiente. La próxima vez, cuando no esté oscuro y estés en la parada del autobús o caminando por un senderro, echa una mirada al suelo y observa la hileira de hormigas.

1. ____________ 6. ____________
2. ____________ 7. ____________
3. ____________ 8. ____________
4. ____________ 9. ____________
5. ____________ 10. ____________

Palabras de ortografía

1. número
2. hormigas
3. sendero
4. importantes
5. jardines
6. superan
7. fueran
8. abecedario
9. abordar
10. abrazar
11. barco
12. bailarín
13. bolígrafo
14. brillo
15. cafetería
16. calamar
17. dardo
18. farol
19. girar
20. hilera

Palabras avanzadas

abalorio
abolir
balbucear
calcular
debatir

Nombre ______________________ Fecha __________

El participio pasado

El **participio pasado** es una forma no conjugada del verbo. Los participios regulares se forman agregando las terminaciones *-ado* e *-ido* a la raíz de los verbos. Estos participios son regulares. Otros son irregulares, como *roto, visto, dicho, puesto*.

Pregunta para reflexionar
¿En la oración, hay alguna forma no conjugada del verbo con la terminación -ado *o* -ido*?*

1 a 8. Escribe el participio pasado del verbo entre paréntesis sobre la línea.

1. Las hormigas han (invadir) ______________ el jardín.
2. Han (construir) ______________ sus hormigueros debajo de árboles y plantas.
3. Mi mamá las ha (observar) ______________ durante la última semana.
4. Ella ha (seguir) ______________ las filas de hormigas para descubrir los hormigueros.
5. ¡Las hormigas se han (comer) ______________ los rosales de mi jardín!
6. Esto ha (poner) ______________ furiosa a mi mamá.
7. Ella me ha (pedir) ______________ que piense cómo ahuyentarlas del jardín.
8. Se me ha (ocurrir) ______________ que la mejor idea sería tener un oso hormiguero como mascota.

El pretérito perfecto compuesto y el pluscuamperfecto

El participio pasado se usa con el verbo auxiliar *haber* en presente para formar el **pretérito perfecto compuesto** y con el pretérito imperfecto para formar el **pretérito pluscuamperfecto**.

Pretérito perfecto: *he, has, ha, hemos, han* + participio pasado
Javier ha trabajado siempre en la misma empresa.
Pretérito pluscuamperfecto: *había, habías, habíamos, habían* + participio pasado
Antes de estudiar medicina, había estudiado biología.

Preguntas para reflexionar
¿Con qué verbo más un participio pasado se forma el pretérito perfecto compuesto? ¿Con qué verbo más un participio pasado se forma el pretérito pluscuamperfecto?

1 a 8. Escribe el verbo entre paréntesis conjugado como se indica.

1. La tierra masticada y la saliva (formar, pluscuamperfecto) ______________ pequeños ladrillos para los túneles de las hormigas.
2. Las hormigas (almacenar, pluscuamperfecto) ______________ mucho alimento.
3. Los techos curvados (funcionar, perfecto) ______________ como aislantes del calor del sol.
4. La comida intercambiada es el vínculo que (establecer, perfecto) ______________ las hormigas de la colonia.
5. Un hormiguero se (dañar, pluscuamperfecto) ______________ .
6. Las hormigas se (cansar, pluscuamperfecto) ______________ .
7. Un hormiguero que se (arruinar, perfecto) ______________ completamente implica comenzar de nuevo.
8. Las obreras pueden poner alguna larva de insecto que (rescatar, perfecto) ______________ en el nuevo hormiguero.

Nombre ______________________ Fecha ____________

El participio pasado como adjetivo

El **participio pasado** también se usa como **adjetivo** para describir a un sustantivo. Puede aparecer solo o en una frase y concuerda en género y en número con el sustantivo al que modifica.

Las obreras cambian de lugar los huevos almacenados todos los días.

Las hormigas deben mudarse a un nido ampliado.

Pregunta para reflexionar
¿Qué forma verbal puede usarse para modificar un sustantivo?

1 a 5. Subraya en las oraciones el participio que funciona como adjetivo.

1. Las hormigas habían trabajado todo el día en su nido agrandado.
2. Llevaban el alimento encontrado al nido.
3. Había pedacitos de hojas y flores almacenadas en el nido.
4. Todas se habían escurrido por el pasto en busca del alimento deseado.
5. El oso hormiguero cansado no podía encontrar hormigas.

6 a 8. Escribe el participio del verbo que está entre paréntesis para modificar el sustantivo de cada frase.

6. Las hormigas (asustar) ____________ se escondieron debajo de las rocas.
7. Las hormigas (acorralar) ____________ no pudieron escapar del oso hormiguero.
8. El picnic (arruinar) ____________ por las hormigas se programó para otro día.

Nombre ______________________ Fecha __________

Palabras que se suelen confundir

Algunas palabras se pronuncian igual, pero su ortografía y su significado son diferentes. Este tipo de palabras se suelen confundir.

ahí, hay, ay	**¡Ay**, qué susto! **Ahí hay** un hormiguero.
haber, a ver	Fuimos **a ver** si iba a **haber** otra función de la obra de teatro.
valla, vaya, baya	Juan me dijo que **vaya**, salte la **valla** y tome una **baya**.

1 a 5. Encierra en un círculo la palabra entre paréntesis que corresponda para completar cada oración.

1. Me acabo de enterar de que (ay, hay) insectos que parecen superhéroes.
2. Puede (haber, a ver) pulgas en las mascotas.
3. ¡(Ay, Ahí), cómo puede picar tanto algo tan pequeño!
4. Vamos (a ver, haber) otros tipos de insectos la próxima clase.
5. Algunos insectos comen (vallas, bayas).

6 a 11. Encierra en un círculo las palabras incorrectas. Escribe las palabras correctas en las líneas.

No bayas a creer que ay otro insecto más interesante que la hormiga. Vamos haber algunos datos interesantes: son la mitad de los insectos que ahí en el planeta. No vallas a creer que son perezosas. No debe a ver otras criaturas más trabajadoras en la naturaleza.

____
____
____
____
____
____

Nombre ______________________ Fecha ____________

Fluidez de las oraciones

Puedes combinar oraciones con participios para hacer frases más variadas e interesantes.

Fuimos a ver una película. La película fue **premiada**. El director de cine era **conocido**.

Fuimos a ver la película **premiada** de un **conocido** director de cine.

1 a 5. Vuelve a escribir las oraciones en la línea con los participios que están entre paréntesis usados como adjetivos.

1. El jueves que pasó aprendimos sobre las hormigas en clase. (pasar)

   ____

2. Creamos una propuesta y esperamos poder comprar una colonia de hormigas. (crear)

   ____

   ____

3. Si cuidamos bien la colonia de hormigas, esta podrá ser de mucha ayuda para la clase. (cuidar)

   ____

   ____

4. Dentro de la colonia la mayoría de las hormigas se parecen. (parecer)

   ____

5. Se puede ver que las hormigas comieron las hojas de las plantas. (comer)

   ____

Nombre ______________________________ Fecha ____________

Punto de enfoque: Organización

Ordenar los detalles importantes

Detalles desordenados	Detalles ordenados
Las patas de la abeja llevan polen a la planta donde se posa. Las patas le sirven para mucho más que caminar. Como todos los insectos, la abeja tiene seis patas.	Como todos los insectos, la abeja tiene seis patas. Sin embargo, las patas le sirven a la abeja para mucho más que caminar. Las patas también llevan polen a la planta donde se posa la abeja.

Lee cada idea principal. Numera los siguientes detalles para mostrar el orden que mejor apoye la idea principal. Escribe el número en la línea.

Idea principal: Es fácil identificar a la abeja.

_____ El cuerpo de la abeja es de media pulgada de largo.

_____ El cuerpo de la abeja tiene tres partes.

_____ El cuerpo es peludo, y de color amarillo y negro.

_____ Como muchos insectos, las abejas tienen cuatro alas.

Idea principal: Las abejas son insectos importantes.

_____ El polen debe pasar de una planta a otra para que nazcan plantas nuevas.

_____ Las abejas ayudan a los agricultores a producir cosechas con valor de miles de millones de dólares.

_____ Las abejas ayudan a las plantas al transportar el polen de una planta a otra.

_____ Las abejas polinizan muchas cosechas, como manzanas, nueces, pepinos y cerezas.

Nombre _______________ Fecha _______

Ecología para niños

Folleto ecológico de un hotel

Lee con atención este párrafo de la página 450. ¿Qué palabras te ayudan a comprender el argumento del autor? Encierra en un círculo las palabras que sean fuertes. Por ejemplo, la palabra *proteger* es mucho más fuerte que *ayudar.* Encierra en un círculo la palabra *proteger.*

Una manera de proteger el medio ambiente es ayudar a detener la contaminación. Estas son algunas ideas:

Coloca la basura en su lugar. El lugar que le corresponde no son las calles, los ríos ni los océanos. La basura y otras clases de contaminación hacen daño a los seres vivos.

Cuando puedas, usa relojes y calculadoras que funcionen con energía solar. Si usas la energía de pilas, recíclalas cuando estén gastadas.

Cuando salgas de una habitación, apaga la luz. Cuando no estés usando el televisor, la radio o la computadora, apágalos también. De esta manera, tu familia usará menos electricidad y ahorrará dinero.

____

____

____

Analiza la elección de palabras del autor. ¿Cómo podría haber hecho su argumento aún más fuerte?

____

____

Nombre ______________________________ Fecha ______________

Ahora completa este folleto turístico de un hotel ecológico. Asegúrate de usar palabras que convenzan a los turistas que se preocupan por el medio ambiente de que el hotel sigue prácticas ecológicas.

¡Bienvenidos! 

El hotel ecológico Hotel Bosque Río Paraíso está ubicado en un área protegida del bosque tropical a una hora de la capital.

En nuestro hotel, se pueden hacer caminatas, andar en bicicletas de montaña, andar a caballo y hacer un paseo por el bosque tropical. Nuestras habitaciones tienen grifos y duchas de ______________. También tienen paneles solares para reunir __________ del sol y convertirla en ____________.

Nuestro chef prepara cenas con ingredientes orgánicos cultivados localmente para ____________ su salud y al medio ambiente. ¡Todas nuestras prácticas ayudan a asegurar que su estadía no tenga ningún __________ sobre el medio ambiente!

Hotel Bosque Río Paraíso

Nombre ______________________ Fecha ____________

Usar el contexto

sierra	pendiente	campo	cometa
tarde	orden	traje	

Lee cada oración. Teniendo en cuenta el contexto de la oración, encierra en un círculo la definición correcta para cada palabra que está escrita en negrita.

1. Los niños recorrieron toda la **sierra.**
   a. cordillera pequeña **b.** herramienta para cortar madera
2. Pasaron la **tarde** buscando mariposas.
   a. fuera de tiempo, a deshora **b.** después del mediodía
3. Las niñas subieron la **pendiente.**
   a. terreno inclinado **b.** que está por terminarse
4. Antes de regresar, dejaron las sillas en **orden.**
   a. mandato o ley **b.** posición correcta de algo
5. En ese **campo** se cosecha trigo.
   a. terreno de juego **b.** terreno abierto
6. Hoy **traje** a mi perro al parque.
   a. del verbo traer **b.** vestido completo
7. El **cometa** brillaba en el cielo.
   a. cuerpo celeste **b.** armazón que se lanza al aire

Nombre ______________________ Fecha __________

Palabras con *b*

Palabras básicas 1 a 10. Lee los párrafos. Escribe las Palabras básicas que completen mejor las oraciones.

El (1) _____ del campamento era estupendo, todos eran amigos y se divertían mucho. El campamento estaba en un (2) _____ cerca de la playa. Esa mañana, los niños querían (3) _____ a la playa; una enorme ballena nadaba cerca de la orilla. Al verla, los niños pensaron que estaba (4) _____, pero no era así, solo les mostraba su (5) _____ desde la orilla. Desde arriba, habían visto un bulto gris que sobresalía del agua.

Por las dudas, el maestro les mostró un cartel colocado debajo del muelle, que decía: "Se prohíbe tocar las ballenas". Seguramente la experiencia sería muy útil para escribir una redacción sobre el tema. Mike estaba fascinado, quería ser (6) _____ cuando creciera y escribir muchos (7) _____ sobre animales marinos. Los niños buscaban almejas en la arena. El maestro les enseñaba a sacarlas cada vez que se retiraba la ola. Seguramente, las comerían durante la cena.

Al terminar el campamento, después de recibir los diplomas de asistencia, los niños se reunieron en un círculo alrededor del maestro. Primero hubo un silencio absoluto, nadie decía ni una sola (8) _____, pero luego… ¡todos aplaudieron agradecidos! Nadie quería (9) _____ el campamento, fue un verano (10) _____.

1. ____________________ 6. ____________________
2. ____________________ 7. ____________________
3. ____________________ 8. ____________________
4. ____________________ 9. ____________________
5. ____________________ 10. ____________________

Palabras avanzadas 11 a 14. Eres científico y debes escribir sobre tus investigaciones en una hoja aparte. Usa cuatro Palabras avanzadas.

Palabras de ortografía

1. palabra
2. biólogo
3. microbios
4. ambiente
5. bosque
6. belleza
7. libros
8. recibe
9. abandonar
10. baba
11. bajar
12. caballo
13. cabrito
14. cabuya
15. débil
16. derribar
17. embellecer
18. embotellar
19. fábrica
20. fabuloso

Palabras avanzadas

abismo
bacteria
cabizbajo
abanico
desbordar

Nombre _______________________ Fecha ______________

Clasificar palabras de ortografía

Escribe cada Palabra básica junto a la descripción correcta.

Palabras que contienen *ba*, *be*	**Palabras básicas:** **Palabras avanzadas:** **Palabras posibles:**
Palabras que contienen *bi*, *bo*	**Palabras básicas:** **Palabras avanzadas:** **Palabras posibles:**
Palabras que contienen *bu* y *b* seguida de consonante	**Palabras básicas:** **Palabras posibles:**

Palabras avanzadas Agrega las Palabras avanzadas a tu tabla para clasificar palabras.

Conectar con la lectura Vuelve a revisar *Ecología para niños.* Encuentra 10 palabras que contengan *b* y clasifícalas en la tabla de arriba.

Palabras de ortografía

1. palabra
2. biólogo
3. microbios
4. ambiente
5. bosque
6. belleza
7. libros
8. recibe
9. abandonar
10. baba
11. bajar
12. caballo
13. cabrito
14. cabuya
15. débil
16. derribar
17. embellecer
18. embotellar
19. fábrica
20. fabuloso

Palabras avanzadas

abismo
bacteria
cabizbajo
abanico
desbordar

Revisión de ortografía

Encuentra las palabras mal escritas y enciérralas en un círculo. Escríbelas correctamente en las líneas de abajo.

Los científicos bajan hacia la barranca. El grupo espera recibir buenas noticias. El anbiente es de incertidumbre. En su última expedición, el maestro García encontró los huesos de una ballena azul. Estaban escondidos debajo de una roca gigante. Como buen caballero que da su palavra, el arqueólogo y viólogo marino regresa a completar su investigación; nunca pensó en avandonar su trabajo. El favuloso hallazgo lo entusiasmó a tal punto que se propuso escribir varios libiros sobre su expedición.

El maestro García es un hombre estricto. Su bigote blanco le da un aire muy serio, pero es una persona muy simpática y amable. Como hubo una epidemia de cólera en la región y el agua tiene muchos microvios, les prohíbe envotellar agua del río a sus colaboradores. Por esa razón, la expedición lleva sus bebidas envasadas. Como hace mucho calor, todos prefieren beber agua con sabor a limón.

1. ______________ 5. ______________
2. ______________ 6. ______________
3. ______________ 7. ______________
4. ______________ 8. ______________

Palabras de ortografía

1. palabra
2. biólogo
3. microbios
4. ambiente
5. bosque
6. belleza
7. libros
8. recibe
9. abandonar
10. baba
11. bajar
12. caballo
13. cabrito
14. cabuya
15. débil
16. derribar
17. embellecer
18. embotellar
19. fábrica
20. fabuloso

Palabras avanzadas

abismo
bacteria
cabizbajo
abanico
desbordar

Nombre ______________________ Fecha ____________

Los verbos irregulares

Los **verbos irregulares** no siguen el patrón de conjugación de los verbos regulares. Estos verbos pueden tener cambios tanto en la raíz como en la terminación. Sus formas, en el participio pasado, son en su mayoría irregulares.

Ejemplo: Verbo *ir*
Presente: voy, vas, va, vamos, van
Pasado: fue/iba, fuiste/ibas, fue/iba, fuimos/íbamos, fueron/iban

Pregunta para reflexionar
¿El verbo presenta cambios en la raíz o en la terminación?

1 a 8. Escribe la forma correcta del verbo entre paréntesis para mostrar una acción pasada.

1. El científico (saber) cómo proteger el medio ambiente. ____________
2. Nuestra maestra de ciencias (traer) a la clase fotografías de varios ecosistemas. ____________
3. Ella nos (decir) que detener la contaminación es una forma de proteger al medio ambiente. ____________
4. Martín ha (decir) que cultivará sus propios vegetales para cuidar el medio ambiente. ____________
5. Nuestras duchas (ser) muy largas. ____________
6. He (ver) que se rompieron las lámparas de todas las habitaciones. ____________
7. Nosotros (conducir) a todos lados en lugar de caminar o andar en bicicleta. ____________
8. Mi familia y yo hemos (hacer) un plan para ahorrar agua, electricidad y combustible. ____________

Nombre ______________________ Fecha __________

Ecología para niños
Gramática: Verbos irregulares

El participio pasado de los verbos irregulares

Los **verbos irregulares** tienen cambios en la raíz, en la terminación o en ambas en al menos uno de los tiempos verbales. En el **participio pasado,** sus formas son irregulares en su mayoría.

Verbo irregular: decir
Participio pasado: dicho

Pregunta para reflexionar
¿Qué diferencia hay entre un participio pasado regular y uno irregular?

1 a 5. Escribe el participio pasado del verbo que está entre paréntesis.

1. Hemos (hacer) ________ un viaje escolar a la costa con mi clase.
2. Tal como nos había (decir) ________ la maestra, un barco nos llevó hasta el pantano.
3. La maestra me preguntó: "¿Alguna vez has (ir) ________ a un pantano?".
4. Ayer escribimos un informe sobre lo que hemos (ver) ________ en el pantano.
5. Hoy comentaremos entre todos lo que hemos (escribir) ________.

Nombre ______________________ Fecha __________

Ecología para niños
Gramática: Verbos irregulares

El verbo *ser*

El verbo *ser* indica cómo o qué es algo o alguien. No expresa una acción. Se puede usar como un verbo principal o auxiliar. Su forma varía según el tiempo verbal y los sujetos.

formas del verbo *ser*

sujeto	presente	pasado
yo	soy	era/fui
tú	eres	eras/fuiste
él, ella	es	era/fue
nosotros	somos	éramos/fuimos
ustedes, ellos, ellas	son	eran/fueron

participio pasado con el auxiliar haber	
yo	he sido
tú	has sido
él, ella	ha sido
nosotros	hemos sido
ustedes, ellos, ellas	han sido

Preguntas para reflexionar
¿Cuál es el sujeto? ¿Cuál es el tiempo verbal? ¿Qué forma del verbo ser *es correcta?*

1 a 6. Escribe la forma correcta del verbo *ser* entre paréntesis para completar cada oración.

1. Durante el año, los estudiantes (ser) excelentes y aprendieron mucho sobre los ecosistemas. __________
2. Un ecosistema (ser) un lugar en el que un grupo de seres vivos e inertes interactúan con el medio ambiente. __________
3. El bosque, el lago y el desierto (ser) ejemplos de ecosistemas. __________
4. El proyecto sobre el océano aún no (ser) presentado. __________
5. Los ecosistemas (ser) analizados el mes pasado, mientras completábamos nuestro proyecto. __________
6. (Ser) muy interesante y divertido aprender sobre el océano. __________

Nombre _______________ Fecha _______

Pronombres

Ecología para niños
Gramática: Repaso frecuente

Los pronombres son palabras que toman el lugar de uno o más sustantivos. Deben concordar en género y número con sus antecedentes.

pronombres reflexivos	me, te, se, nos
pronombres demostrativos	este/estos, esta/estas, esto; ese/esos, esa/esas, eso; aquel/aquellos, aquella/aquellas, aquello

1 a 7. Completa las oraciones con un pronombre que concuerde con el antecedente que se indica entre paréntesis.

1. Si nosotros no __________ ocupamos de cuidar más a nuestro planeta, se seguirá contaminando. (nosotros)
2. Las selvas tropicales están en problemas. __________ están desapareciendo rápidamente. (las selvas tropicales)
3. Hace doscientos años, estas selvas __________ desarrollaban en cuatro continentes. (estas selvas)
4. Yo __________ enteré de que la gente necesitaba más tierras para establecerse investigando en la biblioteca. (yo)
5. Los colonos talaban los árboles porque __________ dedicaban a plantar cultivos en esas tierras. (los colonos)
6. Ahora se plantan nuevos árboles. __________ reemplazarán a los que hemos perdido. (árboles)
7. En la escuela, __________ celebrará el Día de la Tierra en abril. (Día de la Tierra)

Nombre ______________________________ Fecha ______________

Convenciones

Forma incorrecta de un verbo
Hemos escribido un informe sobre el ecosistema de la bahía.
Forma correcta
Hemos escrito un informe sobre el ecosistema de la bahía.

1 a 5. Elige la forma correcta del verbo que está entre paréntesis. Vuelve a escribir las oraciones en la línea de abajo.

1. Recientemente, los científicos (dicieron, dijeron) que realizaron un descubrimiento asombroso.

   ____

2. Creían que algunos de los cambios del medio ambiente (fue, fueron) por la contaminación.

   ____

3. Desde ese momento, han (hecho, hacido) reuniones para informar sobre sus descubrimientos.

   ____

4. Los científicos (trajieron, trajeron) un informe sobre sus nuevos hallazgos.

   ____

5. Toda la comunidad científica ha (visto, vido) ese informe.

   ____

Nombre _______________ Fecha _________

Punto de enfoque: Ideas
Enfocarse en la idea principal

Los buenos escritores mantienen el interés de los lectores al enfocar los detalles de cada párrafo en la idea principal. Este escritor eliminó una oración que no apoyaba la idea principal.

Los rayos se forman por las descargas eléctricas. El hielo y las gotas de lluvia se mueven con rapidez en las nubes de tormenta y crean una carga eléctrica en la base de la nube.

A la vez, se crea una carga eléctrica opuesta en el suelo. Cuando las chispas de la nube se encuentran con las chispas del suelo, se forma un rayo. ~~Un árbol en el que ha caído un rayo a veces sobrevive.~~

Idea principal: *Los rayos se forman por las descargas eléctricas.*

Lee el párrafo y escribe la idea principal. Luego, tacha la oración que no apoye la idea principal.

1. La fulgurita es un mineral en forma de tubo creado por los rayos. Primero, el rayo cae al suelo y entra en la tierra. Un rayo tiene tanta potencia como la que pueden generar todas las plantas de electricidad de Estados Unidos en la misma cantidad de tiempo. El calor del rayo derrite la arena del suelo, formando así la fulgurita. Este crujiente tubo tiene la forma del rayo.

Idea principal: ______________________________

2. Benjamin Franklin realizó un experimento famoso. Voló una cometa en una tormenta. La cometa tenía una llave atada a la cuerda. Un rayo cayó en la cometa, ¡y saltaron chispas de la llave! Al escuchar el trueno se puede hacer una estimación de la distancia de los rayos. Un lazo de seda que estaba atado a la cuerda evitó que Franklin se lastimara la mano.

Idea principal: ______________________________

Nombre ____________________ Fecha __________

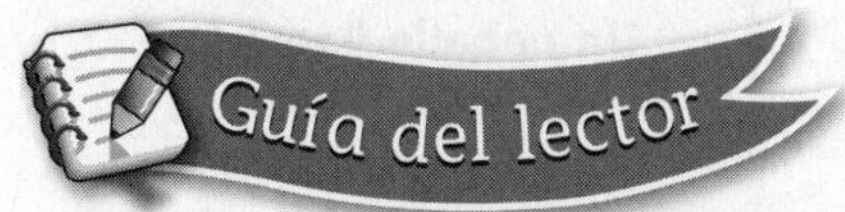

Un caballo llamado Libertad

¡Estás contratado!

Los autores utilizan la personificación para ayudar a los lectores a ver, sentir y escuchar lo que se describe y dar color a la descripción. Responde las siguientes preguntas sobre personificación en "Un caballo llamado Libertad".

Vuelve a leer la página 480. Busca un ejemplo de personificación. Escríbelo abajo.

___

___

___

¿Qué cosa no viviente describe el autor? ¿Qué características humanas le da el autor?

___

___

___

¿Cómo te ayuda el uso del autor de la personificación a ver, sentir o percibir el objeto? ¿Cómo te ayuda a entenderlo?

___

___

Nombre _______________________ Fecha __________

Imagina que Charley le pide a James que escriba una recomendación para un trabajo de conducción en una empresa nueva. Sigue los pasos a continuación para ayudar a James a escribir la recomendación.

- Vuelve a leer las páginas 478 a 483.
- Piensa en el desempeño de Charley/Charlotte. ¿En qué circunstancias difíciles se encontró Charlotte? ¿Cómo logró aun así realizar su trabajo? Incluye personificación para describir cómo lo logró Charley.

Recomiendo a Charley para el puesto de conductora de carruaje. Es una excelente conductora y mostró gran habilidad cuando…

____

____

____

____

____

____

____

____

____

Nombre ______________________________ Fecha ____________

Un caballo llamado Libertad
Estrategias de vocabulario:
Lenguaje figurado

Lenguaje figurado

El **lenguaje figurado** describe algo comparándolo con otra cosa que no parece ser similar.

Un **símil** es lenguaje figurado que compara dos cosas usando *como*.
ejemplos: El caballo corre como el viento. El jinete es flaco como un riel.

Una **metáfora** es lenguaje figurado que hace una comparación sin usar *como*.
ejemplos: La tormenta fue un monstruo. Cada copo de nieve es una joya esculpida.

Un **modismo** es lenguaje figurado que usa palabras de una manera diferente a su significado habitual.
ejemplos: estar en la luna (estar desatento); ver con otros ojos (ver distinto)

1 a 3. Encierra en un círculo las palabras que mejor completan cada metáfora o símil. Luego, en la línea, escribe *S* si la comparación es un símil. Escribe *M* si es una metáfora.

1. Cuando los pasajeros llegaron al lugar se sintieron como ______________.

a. en las nubes **b.** en un acantilado

2. Cuando los chicos se sintieron cansados, pelearon como ______________.

a. un gatito dormido **b.** perros y gatos

3. Su respuesta fue ______________.

a. la gota que derramó el vaso b. sorpresiva

Descubre el significado de la expresión idiomática subrayada. Escribe el significado en la línea.

4. Los ciudadanos estaban armados <u>hasta los dientes</u> porque temían que asaltarían el tren. ______________

Nombre ______________________ Fecha ____________

Palabras con *v*

Palabras básicas Escribe las Palabras básicas que reemplacen mejor la palabra o palabras de cada oración.

1. Me encanta descubrir lo que piensa el público.
2. El resfriado de Mary no fue serio.
3. La niña quiere que miren sus regalos de Navidad.
4. Esta avioneta es de las más modernas.
5. El perro parecía ser muy feroz.
6. Mi hermano siempre quiere regresar temprano de las fiestas.
7. Para que los barcos puedan pasar, el puente se debe elevar.
8. Esta guitarra es una auténtica reliquia.
9. El león es un gran comedor de carne.
10. Mi mamá siempre regresa del supermercado con muchas golosinas.
11. El ascensor dejó de funcionar.
12. Un estudiante derramó los líquidos mientras hacía el experimento.
13. Mi papá cargaba la caja cuando tropezó y se cayó.
14. El aprendiz tiene temor de colocar su primer clavo.

1.	____________	8.	____________
2.	____________	9.	____________
3.	____________	10.	____________
4.	____________	11.	____________
5.	____________	12.	____________
6.	____________	13.	____________
7.	____________	14.	____________

Palabras de ortografía

1. vuelve
2. volcó
3. vean
4. grave
5. nuevo
6. volver
7. verdadera
8. llevaba
9. vida
10. vuelo
11. actividad
12. adivinar
13. aeronave
14. avanzar
15. bravo
16. carnívoro
17. clavar
18. constructivo
19. elevador
20. ferrovía

Palabras avanzadas

advertir
calvo
caravana
cautivar
favorable

Nombre ______________________ Fecha __________

Clasificar palabras de ortografía

Escribe cada Palabra básica junto a la descripción correcta.

palabras que contengan *va, ve, vu*	**Palabras básicas:** **Palabras avanzadas:** **Palabras posibles:**
palabras que contengan *vi, vo*	**Palabras básicas:** **Palabras avanzadas:** **Palabras posibles:**

Palabras avanzadas Agrega las Palabras avanzadas en tu tabla para clasificar palabras.

Conectar con la lectura Vuelve a revisar *Un caballo llamado Libertad*. Busca cinco palabras que contengan *v* y clasifícalas en la tabla de arriba.

Palabras de ortografía

1. vuelve
2. volcó
3. vean
4. grave
5. nuevo
6. volver
7. verdadera
8. llevaba
9. vida
10. vuelo
11. actividad
12. adivinar
13. aeronave
14. avanzar
15. bravo
16. carnívoro
17. clavar
18. constructivo
19. elevador
20. ferrovía

Palabras avanzadas

advertir
calvo
caravana
cautivar
favorable

Nombre ______________________________ Fecha ____________

Un caballo llamado Libertad
Ortografía: Palabras con *v*

Revisión de ortografía

Encuentra todas las palabras mal escritas y enciérralas en un círculo. Escríbelas correctamente en las líneas de abajo.

Siempre me gusta evocar las vacaciones de verano que paso con mi familia en la casa de veraneo que tenemos frente al mar y cerca de la ferrobía. Lo primero que noto cuando llego a este lugar es la suave y cálida brisa que me envuelve, mezclada con el brabo olor a salitre que impregna todo. Recuerdo que el año pasado llegamos ahí a principios de julio, pero esta vez noté algo diferente en el ambiente. La brisa llebava una hermosa melodía de violín. No podía adibinar de dónde provenía este nuebo sonido. Puse mucha atención y me di cuenta de que provenía de la casa de Alex, mi vecino. Quise levantar el teléfono inmediatamente para llamarlo, ya que sabía que era él quien estaba tocando el violín. ¡Cómo había mejorado! ¡Qué constructibo fue decidir tomar las clases de violín! Pude disfrutar de su música por un buen rato.

La verdad es que me gustaría decir que mis vacaciones de verano son siempre una actibidad inolvidable. ¡Qué linda es la bida junto al mar!

1. ____________________ 5. ____________________
2. ____________________ 6. ____________________
3. ____________________ 7. ____________________
4. ____________________ 8. ____________________

Palabras de ortografía

1. vuelve
2. volcó
3. vean
4. grave
5. nuevo
6. volver
7. verdadera
8. llevaba
9. vida
10. vuelo
11. actividad
12. adivinar
13. aeronave
14. avanzar
15. bravo
16. carnívoro
17. clavar
18. constructivo
19. elevador
20. ferrovía

Palabras avanzadas

advertir
calvo
caravana
cautivar
favorable

Nombre ______________________ Fecha ____________

Los adjetivos

Un **adjetivo** es una palabra que da información sobre un sustantivo o pronombre. Algunos adjetivos describen una cualidad y se llaman calificativos. Otros indican una cantidad y se llaman determinativos.

Un trueno repentino asustó a los seis caballos.

Pregunta para reflexionar
¿Qué palabra describe a un sustantivo?

1 a 3. Escribe los adjetivos que describan a los sustantivos subrayados. Luego escribe si cada adjetivo describe una *cualidad* o una *cantidad*.

1. La valiente conductora miró el camino embarrado.

 ____

2. Ella ató dos caballos al viejo amarradero.

 ____

3. Dejó tres caballos con el vaquero alto.

 ____

4 a 6. Escribe cada adjetivo y encierra en un círculo el sustantivo que describe.

4. Por lo general, el tráfico pesado obstaculiza las calles de las grandes ciudades.

 ____

5. Los jinetes ataban a sus exhaustos caballos mientras comían una comida caliente.

 ____

6. Los viejos e irregulares caminos de tierra fueron reemplazados por carreteras pavimentadas.

 ____

Nombre ______________________ Fecha __________

Adjetivos calificativos

Un adjetivo es una palabra que da información sobre un sustantivo. Algunos describen una cualidad y se llaman **adjetivos calificativos**. Generalmente van después del sustantivo, aunque también pueden ir delante de él.

La muchacha orgullosa ni me miró.

Pregunta para reflexionar
¿El adjetivo indica una cualidad?

1 a 8. Subraya cada adjetivo calificativo. Luego, escribe la palabra que describe en la línea.

1. El río profundo era peligroso. ____________
2. El conductor calmado detuvo a los caballos. ____________
3. Los caballos fuertes tiran del carruaje. ____________
4. Los niños cansados del viaje bostezaron. ____________
5. La brisa fuerte hizo volar un sombrero. ____________
6. La taza caliente se le derramó sobre el equipaje. ____________
7. El equipaje pesado se manchó con el café. ____________
8. El viaje incómodo molestó a los viajeros. ____________

Nombre ______________________ Fecha ____________

Adjetivos determinativos

Un adjetivo es una palabra que da información sobre un sustantivo. Algunos indican cantidad y se llaman **adjetivos determinativos**. Siempre se escriben antes del sustantivo.

El carruaje recorrió diez millas para llegar al pueblo más cercano.

Pregunta para reflexionar
¿Cuáles son los adjetivos y de qué clase son?

Subraya cada adjetivo determinativo. Luego, escribe la palabra que describe en la línea.

1. Los cuatro jinetes eran atletas. __________
2. El caballo Galleta de mar corrió cinco carreras en un mes. __________
3. Tres apostadores no creían que pudiera ganar nada. __________
4. Sin embargo, Galleta de mar ganó ocho trofeos. __________

Nombre ______________________ Fecha ____________

Verbos modales

Los verbos auxiliares son verbos que aparecen junto a un verbo principal, pero no muestran una acción cuando aparecen solos. Por ejemplo, en la frase *estoy corriendo, estoy* es un verbo auxiliar que muestra cuándo ocurre la acción. Otro tipo de verbos auxiliares, llamados verbos modales, muestran cómo pueden o deben ser las cosas. Entre los verbos modales se encuentran *poder* y *deber*.

Verbo auxiliar modal	Significado	Ejemplo
poder	capacidad	Ese caballo puede correr rápido. Podría ganar la carrera.
poder	posibilidad	Los caballos pueden ser entrenados para saltar vallas.
poder	permiso	Matías dijo que podías salir a cabalgar mañana.
deber	obligación	Debes darle alimento y agua al caballo antes de ir a dormir.

Escribe un verbo auxiliar modal de la tabla para completar cada oración.

1. Demostraré que ________________ conducir un equipo de nuevo.

2. Frank dice que Charlotte ________________ ir a los establos si lo desea.

3. Charlotte ________________ correr en la próxima carrera si la habilita el hipódromo.

4. Ella ________________ ganar la próxima carrera si desea ganar el trofeo.

5. Charlotte ________________ probar que es capaz de ganar la carrera.

Nombre ______________________ Fecha __________

Un caballo llamado Libertad
Gramática: Conectar con la escritura

Fluidez de las oraciones

Oraciones breves y entrecortadas	Oraciones combinadas con un adjetivo
La diligencia llegó a la posada. La diligencia estaba abarrotada.	La abarrotada diligencia llegó a la posada.

1 y 2. Cambia el adjetivo de lugar para combinar cada par de oraciones.

1. Los asientos de la diligencia suavizaban los golpes de la carretera. Los asientos eran blandos.

   ____

   ____

2. Los ladrones eran siempre una amenaza en el trayecto. Los ladrones estaban enmascarados.

   ____

   ____

Oraciones breves y entrecortadas	Oraciones combinadas con adjetivos
Los viajeros estaban cansados y hambrientos. Los viajeros eran tres.	Los tres viajeros estaban cansados y hambrientos.

3 y 4. Cambia el adjetivo de lugar para combinar cada par de oraciones.

3. Las viejas diligencias eran frías y húmedas. Las diligencias eran cinco.

   ____

   ____

4. Los paisajes en el viaje al Oeste eran imponentes. Los paisajes eran cuatro.

   ____

   ____

Nombre _______________ Fecha _______

Un caballo llamado Libertad
Escritura: Escritura narrativa

Punto de enfoque: Ideas

Describir con símiles

Descripción	Detalles vívidos con símil
Los pasajeros se apretujaron.	Los pasajeros se apretujaron como un racimo de uvas.

1 y 2. Lee cada descripción. Hazla más vívida al agregarle un símil con las palabras *como* o *tan*.

Descripción	Detalles vívidos con símil
1. El agua del río estaba fría.	El agua del río estaba ______ ______
2. Los negros nubarrones se movían con rapidez.	Los negros nubarrones se movían ______

3 a 5. Lee las oraciones. Agrega un símil para hacer la descripción más vívida. Escribe las nuevas oraciones.

En parejas/Compartir **Trabaja con un compañero para generar símiles.**

Descripción	Detalles vívidos con símil
3. El río había crecido.	
4. La madera del puente crujió.	
5. Los maderos del puente se bambolearon.	

Nombre ____________________ Fecha ____________

El trabajo de Ivo:
De perro de servicio a perro guía
Lectura independiente

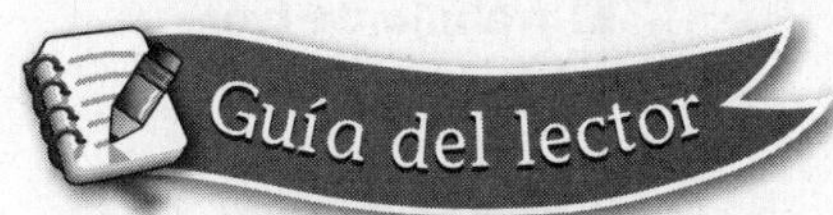

El trabajo de Ivo:

De perro de servicio a perro guía

Línea cronológica del perro guía

Completa la línea cronológica utilizando detalles del artículo.

Lee la página 503. ¿A dónde va Ivo primero? ____________________

____

____

Lee la página 508. ¿Adónde va Ivo después? ____________________

____

____

Lee la página 509. ¿Con quién trabaja Ivo luego?

____

____

¿Para qué está listo Ivo finalmente?

____

____

Nombre ______________________________ Fecha ______________

¿Por qué fue importante para Ivo seguir estos pasos para convertirse en perro de servicio? Explica por qué fue importante cada paso y por qué es importante el orden en el que se siguieron los pasos.

Nombre ______________________ Fecha ____________

El trabajo de Ivo
Estrategias de vocabulario:
Sufijos *-ión, -ción, -sión, -xión, -cción*

Sufijos *-ión, -ción, -sión, -xión, -cción*

información	acción	conexión	presión	reunión
atención	sección	reflexión	mansión	comunión

Cada oración muestra una palabra que está entre paréntesis que tiene el sufijo *-ión, -ción, -sión, -xión, -cción*. Usa las palabras entre paréntesis para completar las oraciones.

1. (información) Cuando leo el periódico ______________________
____
2. (atención) La maestra de matemáticas ______________________
____
3. (acción) Me gusta ir al cine ______________________
____
4. (conexión) Necesitas dos cables ______________________
____
5. (mansión) La cantante de rock ______________________
____
6. (reunión) La semana que viene ______________________
____
7. (comunión) En la junta de la escuela ______________________
____

Nombre ______________________ Fecha ____________

Palabras con *j, x*

Palabras básicas 1 a 11. Escribe la Palabra básica que corresponda a cada grupo.

1. campeón, medalla, ____________________
2. avispa, abejorro, ____________________
3. carreta, carroza, ____________________
4. séptimo, octavo, ____________________
5. adornar, arreglar, ____________________
6. puerta, llave, ____________________
7. cercano, pegado, ____________________
8. cejas, pestañas, ____________________
9. papel, creyones, ____________________
10. adultos, niños, ____________________
11. linterna, sendero, ____________________

Palabras avanzadas 12 a 14. Describe una situación en la que hayas tenido que ayudar a alguien. Usa tres Palabras avanzadas. Escribe en una hoja aparte.

Palabras de ortografía

1. trabajo
2. junto
3. ojos
4. jóvenes
5. sexto
6. excursión
7. extrañará
8. abeja
9. aconsejar
10. bajar
11. bandeja
12. callejón
13. carruaje
14. debajo
15. mejorar
16. cerrojo
17. dibujar
18. aproximar
19. boxeo
20. conexión

Palabras avanzadas

agasajar
baratija
anexar
auxiliar
elixir

Nombre ______________________ Fecha ____________

Clasificar palabras de ortografía

Palabras básicas Escribe cada Palabra básica junto a la descripción correcta.

palabras con *ja, je, ji*	Palabras básicas: Palabras avanzadas: Palabras posibles:
palabras con *jo, ju*	Palabras básicas: Palabras posibles:
palabras con *x*	Palabras básicas: Palabras avanzadas: Palabras posibles:

Palabras avanzadas Agrega las Palabras avanzadas en tu tabla para clasificar palabras.

Conectar con la lectura Vuelve a revisar *El trabajo de Ivo*. Encuentra 10 palabras con *ja, je, ji, jo, ju* o *x* y clasifícalas en la tabla de arriba.

Palabras de ortografía

1. trabajo
2. junto
3. ojos
4. jóvenes
5. sexto
6. excursión
7. extrañará
8. abeja
9. aconsejar
10. bajar
11. bandeja
12. callejón
13. carruaje
14. debajo
15. mejorar
16. cerrojo
17. dibujar
18. aproximar
19. boxeo
20. conexión

Palabras avanzadas

agasajar
baratija
anexar
auxiliar
elixir

Nombre ______________________ Fecha __________

El trabajo de Ivo
Ortografía: Palabras con *j, x*

Revisión de ortografía

Busca todas las palabras mal escritas y enciérralas en un círculo. Escríbelas correctamente en las líneas de abajo.

"José, no te olvides de arreglar el garaje cuando llegues de la escuela", decía el papel que su mamá le dejó sobre la mesa antes de irse al trabago. A José no le gustó, y la verdad es que prefería salir con sus amigos y andar en bicicleta por el callegón, pero como era muy obediente, decidió hacer lo que su mamá le pidió. La escuela había terminado ese día y ahora quedaba por delante más de un mes de deliciosas vacaciones para disfrutar gunto con sus amigos.

Como la clase favorita de José era Ciencias Naturales, en especial todo lo que tenía que ver con animales y plantas, los padres de José decidieron que el fin de semana harían una exicursión en familia al jardín zoológico. ¡Las cosas no podían megorar más que esto!

Ese fin de semana José aprendió que los ojios de las jirafas son enormes. También aprendió que algunas rayas llevan en su cola una aguja que les sirve como mecanismo de defensa debago del agua, y que algunos cangrejos tienen una pinza mucho más grande que la otra.

José estaba tan contento que lo primero que hizo al día siguiente fue dibujear lo que vio para todos sus amigos.

1. ______________ 5. ______________

2. ______________ 6. ______________

3. ______________ 7. ______________

4. ______________ 8. ______________

Palabras de ortografía

1. trabajo
2. junto
3. ojos
4. jóvenes
5. sexto
6. excursión
7. extrañará
8. abeja
9. aconsejar
10. bajar
11. bandeja
12. callejón
13. carruaje
14. debajo
15. mejorar
16. cerrojo
17. dibujar
18. aproximar
19. boxeo
20. conexión

Palabras avanzadas

agasajar
baratija
anexar
auxiliar
elixir

Nombre ______________________ Fecha ____________

Los adverbios

Los **adverbios** son palabras que describen a un verbo. Los adverbios de **modo** indican *cómo*, los adverbios de **tiempo** indican *cuándo* y los adverbios de **lugar** indican *dónde*. La mayoría de los adverbios de modo terminan en *–mente*.

Los adverbios de esta oración cuentan sobre el verbo *jugó*:

cuándo **dónde** **cómo**
Ayer, nuestro perrito jugó afuera alegremente.

Preguntas para reflexionar
¿Cuál es el verbo? ¿Qué palabra te indica el modo, el tiempo o el lugar en que se realiza la acción?

1 a 5. El verbo de cada oración está subrayado. Escribe el adverbio en la línea. Después escribe si el adverbio indica *cuándo*, *cómo* o *dónde*.

1. Juan habló suavemente a su nuevo perrito. ____________
2. Flofy lamió ansiosamente la cara de Juan. ____________
3. Repentinamente, Juan abrazó a Flofy. ____________
4. Ahora la familia juega con Flofy. ____________
5. Juan le enseñó a Flofy a sentarse allí. ____________

6 a 10. Subraya cada adverbio. Escribe el verbo que describe.

6. Pronto Flofy aprenderá a portarse bien. ____________
7. Flofy masticó discretamente las pantuflas de papá. ____________
8. Mamá llevó el perrito afuera. ____________
9. Flofy movió la cola inocentemente. ____________
10. Inmediatamente todos se rieron de la expresión del perrito. ____________

Nombre ______________________ Fecha ____________

Otras clases de adverbios

Los **adverbios** son palabras que dicen algo acerca de un verbo. Los adverbios de afirmación afirman algo. Los adverbios de negación niegan algo.

Con mi abuelo efectivamente caminamos por el parque todas las semanas.

Tampoco fui al parque esta semana.

Preguntas para reflexionar
¿Qué palabra es el verbo? ¿Qué palabra afirma o niega algo acerca del verbo?

1 a 5. El verbo de cada oración está subrayado. Escribe el adverbio que indica *afirmación* o *negación*.

1. También llevo a mi perro, Pal, a dar una caminata. ____________
2. Ciertamente, Pal y yo vamos al parque para perros. ____________
3. Efectivamente, le coloco su correa en el parque. ____________
4. El perrito negro del vecino nunca ladra. ____________
5. Pal jamás ladra ni muerde. ____________

6 a 10. Subraya cada adverbio. Escribe el verbo que describe.

6. Efectivamente, nadamos con nuestros perros. ____________
7. Pal nunca se detuvo en el borde de la piscina. ____________
8. No gané la carrera con Pal. ____________
9. ¡Mi perro, Pal, jamás pierde la carrera! ____________
10. Ciertamente, Pal me sigue bastante. ____________

El lugar de los adverbios en la oración

Los **adverbios** son palabras que dicen algo acerca de un verbo. A menudo, los adverbios siguen al verbo. Algunos adverbios se usan al comienzo, en la mitad o al final de una oración.

adverbio: cuidadosamente

Cuidadosamente, la señora Marsh entrenó a su perro de servicio.
La señora Marsh entrenó cuidadosamente a su perro de servicio.
La señora Marsh entrenó a su perro de servicio cuidadosamente.

Preguntas para reflexionar
¿Cuál es el adverbio que indica algo sobre el verbo? ¿En qué parte de la oración está el adverbio?

1 a 5. El verbo de cada oración está subrayado. Escribe el adverbio.

1. A menudo los entrenadores cometen errores de descuido. ___________
2. Los perritos aprenden mejor en su primer año de vida. ___________
3. Los entrenadores repiten las órdenes frecuentemente. ___________
4. Generalmente, nuestra maestra conoce a todos los perros. ___________
5. Pienso mucho en mi perro. ___________

6 a 10. Subraya cada adverbio. Escribe el verbo que describe.

6. Una vez, cinco de los perros guía ganaron premios. ___________
7. Tres de los perros habían ganado premios antes. ___________
8. Rápidamente, se bebió toda el agua del recipiente. ___________
9. El mejor perro guía trabaja para la señora Hatcher ahora. ___________
10. ¡Spot, por favor ven aquí! ___________

Nombre ______________________ Fecha __________

El gerundio

El trabajo de Ivo
Grámatica: Repaso frecuente

Las frases verbales como *está hablando* y *estaban escuchando* describen acciones que suceden durante un período de tiempo. Estas formas verbales se forman con un verbo auxiliar conjugado y un gerundio. Estas frases verbales pueden describir acciones que sucedieron en el pasado, que están sucediendo en el presente o que sucederán en el futuro.

Presente: está enseñando, están enseñando (ahora)
Pasado: estaba enseñando, estaban enseñando (antes)
Futuro: estará enseñando, estarán enseñando (más tarde)

1 a 9. Completa las oraciones con el gerundio y el tiempo que está dentro del paréntesis.

1. Mañana a esta hora, Alisha ____________________ al parque con su nuevo perro guía. (yendo, futuro)
2. Alisha ____________________ con entusiasmo su nuevo perro. (esperando, presente)
3. Ayer, Alisha ____________________ la solicitud para obtener el perro. (completando, pasado)
4. El perro ____________________ muy rápido. (aprendiendo, presente)
5. Mientras Alisha está en la escuela, el perro la ____________________. (esperando, futuro)
6. Ahora, los entrenadores ____________________ al perro. (evaluando, presente)
7. Su viejo perro la ____________________ cuando se lastimó. (guiando, pasado)
8. El perro se ____________________ a convivir con Alisha. (acostumbrando, presente)
9. Hasta que llegó la solicitud de Alisha, el perro ____________________ un nuevo dueño. (esperando, pasado)

Nombre ______________________________ Fecha ____________

Elección de palabras

El trabajo de Ivo
Gramática: Conectar con la escritura

Los buenos escritores eligen **adverbios** precisos. Los adverbios pueden cambiar el significado de la oración.

Ella cruzó la calle lentamente.

Ella cruzó la calle perezosamente.

Ella cruzó la calle orgullosamente.

Lee la historia. Luego completa las líneas con adverbios precisos.

Mi tía Remedios tiene noventa años. ____________ la visitamos en Arizona. Su compañero canino, Charles, se quejó ____________ cuando llegamos. Tía Remy se sentó ____________ en su silla de ruedas. Mi mamá nos dijo que ella no se podía mover ____________ .

Durante nuestra visita, vimos que Charles ayudaba ____________ a la tía Remy. Ese buen perro ____________ se separaba de mi tía. Cuando a Remy se le caía algo, Charles lo recogía ____________ con la boca. Cuando ella se movía ____________ en su silla de ruedas, Charles la seguía.

Sé que la tía Remy se sentiría muy sola sin su perro. ____________, yo también extraño a Charles.

Punto de enfoque: Voz

Usar lenguaje informal

Una carta amistosa es algo que le escribes a una persona a quien conoces bien. Puedes usar palabras informales e incluir una historia o un texto narrativo.

Encabezado	450 Bond Street Lakeside, OH 12345 1 de junio de 2014
Saludo	Querida abuelita:
Mensaje	Acabo de abrir el regalo que me mandaste. Me encanta el collar y la pulsera a juego. ¡Las piedras azules son mis preferidas! Me acordaré de ti cada vez que los use. Muchas gracias.
Despedida	Tu querida nieta,
Firma	Alyssa

Escribe una nota de agradecimiento en las siguientes líneas. Indica la razón por la que escribes la carta en el primer párrafo y conecta las ideas de manera ordenada. Usa palabras que utilizarías en el habla normal.

Querido______

____

____

____

____

____

____

Nombre ______________________ Fecha ____________

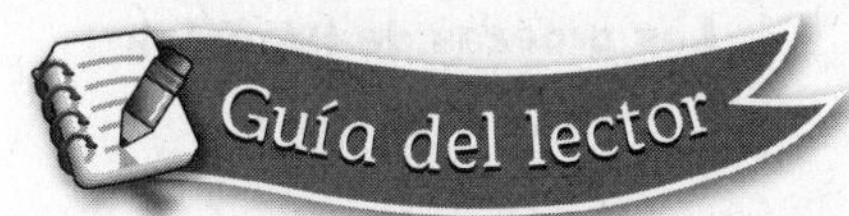

Las proezas de Hércules

El discurso de Zeus

Al final de la historia, Zeus estaba tan contento con su hijo que lo llevó al Monte Olimpo a vivir con él y los otros dioses. Imagina que Zeus quiere organizar una entrega de premios para su hijo, Hércules, para presentarlo a los otros dioses y a su nuevo hogar. Ayuda a Zeus a escribir un discurso en el que presenta a su hijo. Vuelve a leer las páginas 532 a 536 y responde estas preguntas para prepararte para escribir el discurso.

¿Cómo logra Hércules su primer objetivo? ¿Qué te muestra esto sobre su carácter?

____

____

¿Cómo logra Hércules su segundo objetivo? ¿Qué te dice esto sobre su carácter?

____

____

¿Cómo logra Hércules su tercer objetivo? ¿Qué te dice esto sobre su carácter?

____

____

Vuelve a leer el comentario sobre la alusión "la furia de Hera" en la página 533. Piensa en una palabra que pueda hacer alusión a Hércules. ¿Qué significaría?

____

____

Nombre ____________________ Fecha __________

A continuación, escribe el discurso de Zeus. En el discurso, cuenta cómo Hércules se ganó su posición entre los dioses gracias a sus actos. Incluye tu alusión a Hércules en el discurso.

Por favor, ¡den la bienvenida a mi hijo Hércules! A través de sus grandes actos de fuerza ha demostrado que es un dios.

Nombre ______________________ Fecha __________

Las proezas de Hércules
Estrategias de vocabulario:
Refranes y proverbios

Refranes y proverbios

La práctica hace al maestro.	Al que madrugada Dios lo ayuda.
Piensa antes de actuar.	Ver para creer.
La honestidad es la mejor política.	No sirve llorar sobre la leche derramada.

Completa cada oración con uno de los dichos del recuadro.

1. Hércules se despertó al amanecer porque sabía que ________________________________.
2. Hércules no le mintió a su padre porque sabía que ________________________________.
3. De pequeño, Hércules actuaba de manera precipitada y no sabía que debes ________________________________.
4. Zeus sabía que Hércules algún día aprendería a usar sus poderes con sabiduría porque ________________________________.
5. No creía que Hércules pudiera matar un león. Cuando vio al niño pelear, se dio cuenta de que hay que ________________________________.
6. Hércules no se preocupaba por lo que había hecho en el pasado porque no vale la pena ________________________________.

Nombre ______________________________ Fecha ____________

Palabras con *c, s, z*

Palabras básicas Lee el párrafo. Escribe la Palabra básica que completa mejor cada oración.

Los atletas deben practicar constantemente para fortalecer sus músculos y sus corazones, y para aumentar su (1) ____________ y resistencia. Para ello, diariamente (2) ____________ desde muy temprano a practicar sus deportes y con frecuencia tienen un solo día de descanso. Cuando un verdadero atleta se pesa, puede notar que ha aumentado su masa muscular y ha disminuido su índice de grasa. Muchas (3) ____________ no son esbeltos, sino más bien musculosos porque su sistema muscular se ha desarrollado más que el de la mayoría de las personas. Cada competencia en la que participan es un suceso del que siempre van a (4) ____________ y que requiere de muchas horas de práctica y sacrificio. Muchas veces practican tanto que les cuesta trabajo moverse porque sus brazos o piernas están cansados y adoloridos. Un atleta debe reservar energía para cuando debe competir; es (5) ____________ que se presente en la competencia cansado ya que, de (6) ____________, los resultados serán decepcionantes. La vida de un atleta es difícil, pero definitivamente llena de satisfacciones al enfrentar nuevos retos con cada competencia.

Palabras avanzadas Escribe un párrafo sobre tu deporte favorito. Usa dos Palabras avanzadas. Escribe en una hoja aparte.

Palabras de ortografía

1. fuerza
2. ingresa
3. comienzan
4. seguía
5. hacía
6. celos
7. tercer
8. desaparezca
9. hospitalización
10. hacerlo
11. veces
12. chispazo
13. escasez
14. sábana
15. sabroso
16. sacar
17. absurdo
18. acabarse
19. aceitoso
20. acordarse

Palabras avanzadas

exquisitez
distancia
asociación
balanza
zapatero

Nombre ______________________ Fecha __________

Clasificar palabras de ortografía

Palabras básicas Escribe cada Palabra básica junto a la descripción correcta. Algunas palabras pueden estar en dos o más hileras.

palabras con /*s*/ escritas con *s*	Palabras básicas: Palabras avanzadas: Palabras posibles:
palabras con /*s*/ escritas con *c*	Palabras básicas: Palabras avanzadas: Palabras posibles:
palabras con /*s*/ escritas con *z*	Palabras básicas: Palabras avanzadas: Palabras posibles:

Palabras avanzadas Agrega las Palabras avanzadas en tu tabla para clasificar palabras. Algunas pueden estar en dos o más hileras.

Conectar con la lectura Vuelve a revisar *Las proezas de Hércules*. Encuentra palabras con *c, s* y *z* y clasifícalas en la tabla de arriba.

Palabras de ortografía

1. fuerza
2. ingresa
3. comienzan
4. seguía
5. hacía
6. celos
7. tercer
8. desaparezca
9. hospitalización
10. hacerlo
11. veces
12. chispazo
13. escasez
14. sábana
15. sabroso
16. sacar
17. absurdo
18. acabarse
19. aceitoso
20. acordarse

Palabras avanzadas

exquisitez
distancia
asociación
balanza
zapatero

Revisión de ortografía

Encuentra todas las palabras mal escritas y enciérralas en un círculo. Escríbelas correctamente en las líneas de abajo.

Como muchas otras vezes, Ana estaba nerviosa. La competencia la asustaba pero había aceptado participar y ahora su corazón no dejaba de latir con fuersa. ¿Cómo se logra que el miedo desaparesca? Ceguía convencida de que había nacido para correr. Lo sentía intensamente en su sangre, en su mente, como un chispaso de energía. Había practicado mucho, casi sin descanso. Sus rodillas estaban fuertes y sentía que sus piernas podían moverse como el viento. Su mente había reservado su mejor disposición para este evento y ella lo podía sentir. Ya había organizado sus tareas de clase y de casa para poder practicar un poco más cada día y eso le daba más confianza en sí misma. Siempre hazía primero las tareas más complicadas para poder sacar esas preocupaciones de su mente antes de ir a correr una gran distanzia alrededor del parque con su entrenador. Los nervios eran su mayor enemigo y, aunque se sintiera tan pequeña como un sabrozo grano de uva, Ana sabía que eso era abzurdo y que debía acordarce de poner las cosas en una balansa y determinar si después de tanto esfuerzo valía la pena que sus nervios la traicionaran. Ana Gabriela Guevara aprendería con el tiempo a dominar sus nervios y al haserlo pudo ganar medallas olímpicas.

1. ______________ 7. ______________
2. ______________ 8. ______________
3. ______________ 9. ______________
4. ______________ 10. ______________
5. ______________ 11. ______________
6. ______________ 12. ______________

Palabras de ortografía

1. fuerza
2. ingresa
3. comienzan
4. seguía
5. hacía
6. celos
7. tercer
8. desaparezca
9. hospitalización
10. hacerlo
11. veces
12. chispazo
13. escasez
14. sábana
15. sabroso
16. sacar
17. absurdo
18. acabarse
19. aceitoso
20. acordarse

Palabras avanzadas

exquisitez
distancia
asociación
balanza
zapatero

Nombre ______________________ Fecha ____________

Las preposiciones

Una **preposición** muestra la conexión entre las palabras de una oración. Algunas preposiciones describen tiempo, como *durante*. Otras describen ubicación, como *sobre*. Otras brindan detalles, como *con*.

preposición

Los corredores corrían en la pista.

Pregunta para reflexionar
¿Qué palabra muestra la conexión entre otras palabras de la oración?

1 a 10. Busca la preposición en cada frase subrayada. Escribe la preposición sobre la línea.

1. Leí *Las proezas de Hércules* después de cenar. ____________
2. Hércules tuvo que pelear con muchas bestias y monstruos. ____________
3. Tenía increíble fuerza en sus músculos. ____________
4. Desde mi noche de lectura, soñé que tenía superfuerza. ____________
5. Podía levantar una casa sobre mi cabeza fácilmente. ____________
6. Mi hermano mayor se quedó bajo la escalera dándome órdenes. ____________
7. Cuando desperté, estaba contra mi cama, diciendo que me levantara. ____________
8. He notado que mis sueños durante la noche son absurdos. ____________
9. Mi hermano hace ejercicio para las clases de gimnasia. ____________
10. Tal vez esa es la razón por la que apareció en mi alocado sueño. ____________

Nombre ______________________________ Fecha ____________

Frases preposicionales

Una **frase preposicional** comienza con una preposición y termina con un sustantivo o un pronombre. Todas las palabras que modifican a estos elementos son parte de la frase preposicional.

frase preposicional

Las niñas han sido amigas durante un largo tiempo.

En la escuela participan en los mismos grupos.

Pregunta para reflexionar

¿Qué frase comienza con una preposición y termina con un sustantivo o un pronombre?

1 a 6. En las siguientes oraciones, subraya la preposición. Escribe la frase preposicional.

1. El mito dice que Hércules alguna vez vivió entre seres humanos normales.

   ____

2. Zeus observaba a Hércules desde el Monte Olimpo.

   ____

3. Hércules completó desafíos imposibles en la Tierra.

   ____

4. Hércules miró el Monte Olimpo que estaba sobre las nubes.

   ____

5. Demostró que era amable y servicial durante su estadía.

   ____

6. Tras tantos triunfos, Hércules pudo volver a casa.

   ____

Nombre ______________________________ Fecha ______________

Usar frases preposicionales para dar detalles

Las **frases preposicionales** también dan detalles para ayudar a describir un sustantivo. El sustantivo al que describen no forma parte de la frase preposicional.

sustantivo descrito **preposición**

Este año nuestra obra de teatro trata sobre una atleta.

Preguntas para reflexionar

¿Cuál es la frase preposicional de la oración? ¿Qué detalles da sobre la oración?

1 a 6. Observa la preposición subrayada en cada oración. Escribe un detalle en la línea para completar la oración. Luego encierra en un círculo el sustantivo al que describe.

1. "Las Proezas de Hércules" es una historia sobre ______________________________.
2. Es un mito contado de nuevo por ______________________________.
3. Gente de ______________________________ disfruta de los mitos y los cuentos.
4. En los mitos griegos, Zeus reina desde su reino en ______________________________.
5. Escribiremos nuestros propios cuentos para ______________________________.
6. Escribiré un mito sobre ______________________________.

Nombre ______________________ Fecha ____________

Fragmentos de oraciones y oraciones seguidas

Un fragmento de oración es un grupo de palabras que no expresa un pensamiento completo. Carece de sujeto o de predicado. Las oraciones seguidas son oraciones que tienen dos pensamientos completos, uno a continuación del otro, y no tienen un signo de puntuación o una conjunción que las coordine.

Oración completa	Sujeto: La diosa Hera / Predicado: no quería al bebé Hércules.
Fragmento de oración	Muchos enemigos peligrosos. En el reino.
Oraciones seguidas	Hércules peleó con un león, mató a la hidra.

Para corregir un fragmento de oración se debe añadir el sujeto o predicado faltante. Para corregir oraciones seguidas se debe agregar puntuación o una conjunción. Si agregas un punto entre las oraciones seguidas, recuerda poner la mayúscula en la primera palabra de la segunda oración.

1 a 5. Escribe *fragmento* u *oraciones seguidas* al lado de cada grupo de palabras. Corrige el error en cada oración. Usa correctamente la puntuación y las mayúsculas.

1. Conseguir manzanas de oro para el rey. ____________

____

2. Un dragón cuidaba las manzanas nunca dormía. ____________

____

3. Hércules hizo un plan le pediría ayuda a Atlas. ____________

____

4. Engañar a Atlas para que le consiga las manzanas. ____________

____

5. El gigante Atlas. ____________

____

Nombre ______________________________ Fecha ______________

Ideas

Usa frases preposicionales para añadir detalles importantes o interesantes a las oraciones.

El héroe peleó con el monstruo. El héroe <u>con fuerza sobrenatural</u> peleó con el monstruo <u>de dos cabezas</u>.

1 a 8. Completa las siguientes oraciones con una frase preposicional que agregue detalles descriptivos.

1. El héroe tuvo que pelear
   ____.
2. Una serpiente se escondía
   ____.
3. Un león asustaba a sus atacantes
   ____.
4. Un dragón hacía guardia
   ____.
5. El héroe quería salvar el reino
   ____.
6. El héroe portaba una espada
   ____.
7. El caballo del héroe podía volar
   ____.
8. El caballo del héroe tenía alas
   ____.

Nombre ______________________ Fecha ____________

Punto de enfoque: Elección de palabras

Puedes variar tu elección de palabras y detalles descriptivos para que tus escritos sean más interesantes.

Sin palabras descriptivas	Con palabras descriptivas
Las cabezas de la hidra giraron hacia Hércules.	Las nueve delgadas cabezas de la hidra se dieron vuelta para mirar hacia donde estaba Hércules y le mostraron sus colmillos afilados como cuchillos.

Vuelve a escribir las siguientes oraciones incluyendo adjetivos, verbos o frases descriptivas que agreguen detalles.

1. Hera se enojó cuando Hércules mató a la hidra.

   ____

   ____

2. La montaña de Atlas era enorme.

   ____

   ____

3. Atlas estaba cansado de sostener el mundo.

   ____

   ____

4. Cuando era niño, Hércules mató un león.

   ____

   ____

Nombre ______________________ Fecha __________

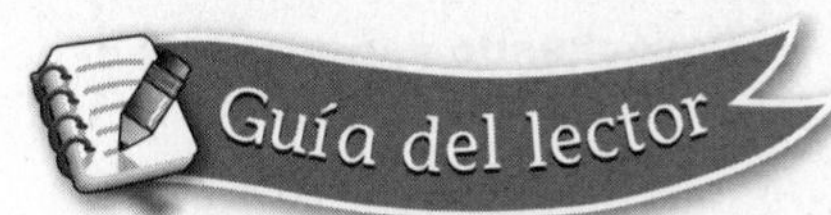

Cosechando esperanza: La historia de César Chávez

"¡Sí, se puede!"

Responde las siguientes preguntas sobre *La causa* de César Chávez. Luego dibuja un cartel para *La causa* en la página siguiente.

Vuelve a leer el tercer párrafo de la página 566. ¿Qué crees que significa la expresión idiomática "morirse de vergüenza"? ¿Cómo te ayuda a entender cómo se siente César?

____

____

____

Vuelve a leer la página 567. ¿Cómo eligieron protestar los miembros de *La causa*?

____

____

El águila azteca es un símbolo de fuerza, paciencia y coraje. ¿Por qué César puede haber elegido como símbolo de *La causa* una audaz águila negra?

____

____

Diseña un cartel que exprese las preocupaciones y objetivos de *La causa*. En tu cartel, incluye estas ideas:

- **un símbolo para *La causa* que se relacione con sus objetivos, y**
- **un eslogan que utilice una expresión idiomática relacionada con *La causa*.**

Nombre ______________________ Fecha ____________

Materiales de referencia

conflictos	dedicar	superar
violencia	publicidad	brillante

Cada oración tiene una palabra en *cursiva*. Usa un diccionario para responder preguntas sobre las palabras o para usarlas en oraciones.

1. ¿Como qué categoría gramatical se puede usar la palabra *brillante*?
____
____

2. ¿Cuántas sílabas tiene la palabra *publicidad*?
____
____

3. Usa la palabra *conflictos* con significado distinto en dos oraciones.
____
____

4. ¿Qué palabras guía hay en la página donde aparece *violencia*?
____
____

5. ¿Cuántos significados tiene en tu diccionario la palabra *superar*?
____
____

6. Usa la palabra *dedicar* con significado distinto en dos oraciones.
____
____

Nombre ______________________ Fecha ____________

Palabras con *x*

Palabras básicas 1 a 11. Escribe la Palabra básica que se ajusta mejor a la pista.

1. acercar ____________________
2. ayuda ____________________
3. demasiado ____________________
4. preciso ____________________
5. óptimo ____________________
6. equivocado ____________________
7. enunciado oral o escrito ____________________
8. la Vía Láctea es una ____________________
9. país del continente americano ____________________
10. esparcían ____________________
11. que se puede doblar ____________________

Palabras avanzadas 12 a 15. El periódico de tu escuela presenta un artículo sobre la salud y tú eres el encargado de escribirlo. Utiliza cuatro Palabras avanzadas en tu artículo y escríbelo en una hoja aparte.

Palabras de ortografía

1. extendían
2. exigente
3. exaltada
4. México
5. texto
6. éxito
7. expresión
8. aproximar
9. auxilio
10. exacto
11. exageración
12. excavación
13. excelente
14. excesivo
15. flexible
16. galaxia
17. inexacto
18. inexperto
19. inexplicable
20. máximo

Palabras avanzadas

exaltar
exceptuar
hexágono
mixto
preexistente

Nombre ____________________ Fecha ____________

Cosechando esperanza: La historia de César Chávez
Ortografía: Palabras con *x*

Clasificar palabras de ortografía

Escribe cada Palabra básica junto a la descripción correcta.

palabras con /*ks*/ escritas con *x*	**Palabras básicas:** **Palabras avanzadas:** **Palabras posibles:**
palabras con /*j*/ escritas con *x*	**Palabras básicas:**

Palabras avanzadas Agrega las Palabras avanzadas en tu tabla para clasificar palabras.

Conectar con la lectura Vuelve a revisar *Cosechando esperanza: La historia de César Chávez*. Encuentra palabras con *x* y clasifícalas en la tabla de arriba.

Palabras de ortografía

1. extendían
2. exigente
3. exaltada
4. México
5. texto
6. éxito
7. expresión
8. aproximar
9. auxilio
10. exacto
11. exageración
12. excavación
13. excelente
14. excesivo
15. flexible
16. galaxia
17. inexacto
18. inexperto
19. inexplicable
20. máximo

Palabras avanzadas

exaltar
exceptuar
hexágono
mixto
preexistente

Nombre ______________________ Fecha ____________

Cosechando esperanza: La historia de César Chávez
Ortografía: Palabras con *x*

Revisión de ortografía

Encuentra todas las palabras mal escritas y enciérralas en un círculo. Escríbelas correctamente en las líneas de abajo.

Daniel vive en la capital de Mégico. Todas las mañanas realiza la misma rutina: se levanta, desayuna, lee el teksto de las noticias en el periódico, verifica que todo esté en eccelente estado (es muy ekcigente) y se va al trabajo. Daniel trabaja como taxista y gracias a su ocupación —y al tiempo extra que dedica para memorizar el mapa de la ciudad— se ha convertido en un experto en las calles (y no es una ecsageración): puede explicar con conocimiento ecsacto los lugares importantes de la ciudad. La única parte de su trabajo que no le gusta es el eccesivo tránsito a la hora de regresar a la casa. La ciudad tiene una fábrica textil muy grande donde trabajan cientos de empleados y la mayoría toma la autopista a la misma hora que Daniel. El tránsito tiene un aspecto mixsto de luces y colores de automóviles, camiones y motocicletas.

Daniel tiene un horario fleccible, así que para evitar con éccito el pico máxcimo del embotellamiento espera más o menos una hora antes de tomar la autopista. Estaciona su taxi, recuesta el asiento, explora el mapa de la ciudad y escucha su música favorita: solos de saxofón. Así transcurre un día más para Daniel.

1. ______________ 7. ______________
2. ______________ 8. ______________
3. ______________ 9. ______________
4. ______________ 10. ______________
5. ______________ 11. ______________
6. ______________

Palabras de ortografía

1. extendían
2. exigente
3. exaltada
4. México
5. texto
6. éxito
7. expresión
8. aproximar
9. auxilio
10. exacto
11. exageración
12. excavación
13. excelente
14. excesivo
15. flexible
16. galaxia
17. inexacto
18. inexperto
19. inexplicable
20. máximo

Palabras avanzadas

exaltar
exceptuar
hexágono
mixto
preexistente

Nombre ______________________ Fecha __________

Cláusulas

Una **cláusula** es un grupo de palabras que tiene sujeto y predicado pero que puede ser una oración completa o no. Una **cláusula dependiente** es un tipo de cláusula que no puede existir por sí misma. Una **cláusula independiente** puede existir por sí misma porque es una oración completa. Muchas cláusulas dependientes empiezan con pronombres relativos como *quien* y adverbios relativos como *donde*.

Cláusula dependiente	**Cláusula independiente**
Cuando no tenían agua para las cosechas,	abandonaban el rancho.

Cláusula independiente	**Cláusula dependiente**
Chávez era el líder	que eligieron los trabajadores.

Preguntas para reflexionar
¿Qué cláusula puede existir por sí sola? ¿Qué cláusula no puede existir por sí sola?

1 a 6. Subraya la cláusula dependiente en cada oración. Encierra en un círculo el pronombre o el adverbio que introduce la cláusula dependiente.

1. Los migrantes, que trabajaban largas horas, tenían poco para comer.
2. Los trabajadores que se quejaban con sus empleadores eran despedidos, castigados o incluso asesinados.
3. Los trabajadores sufrían porque su trabajo era muy duro.
4. Cuando Chávez organizó a los trabajadores, pudieron dar pelea.
5. Donde los trabajadores comenzaran a manifestarse, otras personas supieron de su causa.
6. Una gran multitud alentó a los manifestantes cuando llegaron a Sacramento.

Nombre ______________________ Fecha ____________

Cosechando esperanza: La historia de César Chávez
Grámatica: Pronombres y adverbios relativos

Pronombres relativos

Algunas cláusulas dependientes empiezan con pronombres relativos, como *quien, que, el/la cual* o *cuyo*. Estas cláusulas actúan como adjetivos y modifican pronombres o sustantivos.

> **Cláusula dependiente:** California es el estado **que** produce mayor cantidad de fruta. (dice qué estado)
>
> **Cláusula dependiente:** Esta granja, **cuya** producción es de fresas, es la más grande del estado. (dice qué tipo de granja es)

Pregunta para reflexionar
¿Qué palabra introduce una cláusula dependiente que dice algo sobre un sustantivo que la precede?

1 a 5. Encierra en un círculo el pronombre relativo en cada oración. Subraya la cláusula dependiente. Escribe el sustantivo o pronombre que describe en la línea de la derecha.

1. Hubo una terrible sequía que hizo que Chávez y su familia perdieran la granja. ____________
2. Se mudaron a California, que ofrecía trabajo a trabajadores rurales migrantes. ____________
3. Un trabajador, cuyo trabajo es muy duro, se puede quejar. ____________
4. Los niños migrantes, quienes suelen mudarse, tienen dificultades en la escuela. ____________
5. La huelga, a la cual la compañía de uvas se opuso, resultó ser un éxito. ____________

Nombre _______________________ Fecha ___________

Adverbios relativos

Los adverbios relativos introducen cláusulas dependientes que dicen *dónde, cuándo* o *por qué*.

Cláusula dependiente

Te puedo decir **por qué** los trabajadores migrantes amaban a César Chávez.
California es el lugar **donde** nació *La Causa*.
¿Sabes **cuándo** nació Chávez?

Pregunta para reflexionar
¿Qué palabra introduce una cláusula dependiente que habla sobre un lugar, un tiempo o una razón?

1 a 6. Subraya la cláusula dependiente en cada oración. Encierra en un círculo el adverbio relativo que introduce la cláusula.

1. Ese rancho de Arizona, donde Chávez vivió de niño, está en muy malas condiciones.
2. La familia se tuvo que mudar cuando una sequía arruinó las cosechas.
3. Su triste madre les tuvo que decir por qué tuvieron que abandonar su casa.
4. La familia tuvo que vivir en un cobertizo sucio cuando llegaron a California.
5. Me pregunto por qué el hacendado trataba tan mal a la gente.
6. Un viejo teatro en Fresno, donde se ofició la primera reunión nacional de los trabajadores rurales, hoy atrae a muchos turistas.

Nombre ______________________ Fecha ____________

Cosechando esperanza: La historia de César Chávez
Grámatica: Repaso frecuente

Preposiciones y frases preposicionales

Preposiciones	Frases preposicionales
desde, hasta	Los trabajadores rurales caminaron desde Delano hasta Sacramento.

1 a 5. Subraya las preposiciones dos veces y el resto de la frase preposicional una sola vez en cada oración.

1. La mayoría de las granjas en el valle son grandes.
2. Muchas granjas usan equipos modernos para arar, plantar y cosechar.
3. Sin embargo, las frutas delicadas se cosechan con las manos.
4. Los trabajadores rurales trabajan y sudan bajo el sol caliente.
5. Después de un largo día, están listos para descansar y disfrutar.

6 y 7. Combina las oraciones, usando correctamente las frases preposicionales. Escribe la nueva oración sobre la línea.

6. Nuestra familia está orgullosa. Estamos orgullosos de nuestro trabajo.

____

____

7. Chávez era orgulloso pero modesto. Estaba orgulloso de su herencia. Era modesto respecto a sus logros.

____

____

Nombre ______________________ Fecha ____________

Fluidez de las oraciones

Las palabras de transición ayudan a los escritores a combinar ideas. Les muestran a los lectores cómo se relacionan las ideas y los sucesos.

1 a 6. Completa las siguientes oraciones con palabras de transición del recuadro.

en consecuencia	sin embargo	como
en resumen	porque	finalmente

1. Muchas personas perdieron sus granjas ____________ hubo una terrible sequía.
2. ____________, había trabajo disponible en las ricas granjas de California.
3. ____________, se convirtieron en trabajadores migrantes para las granjas de California.
4. ____________ su salario era tan bajo, no podían tener casas decentes.
5. ____________, formaron *La Causa* para luchar contra las condiciones severas y los salarios bajos.
6. ____________, su objetivo era aumentar los salarios y mejorar las condiciones de trabajo.

Nombre _______________ Fecha _______

Punto de enfoque: Organización

Planificar una narrativa personal

Una narrativa personal es un relato acerca de ti o de algo que te haya pasado.

A. Para tu narrativa personal, elige un suceso que recuerdes bien o que haya tenido un significado especial y sea importante para ti. Luego completa las siguientes líneas como ayuda para la planificación de tu historia.

Tema: Voy a escribir sobre _______________

Qué sucedió primero: _______________

A continuación: _______________

Por último: _______________

Lo que aprendí: _______________

B. Piensa en cómo se relacionan las ideas de tu narrativa. Escribe palabras de transición para mostrar tiempo o lugar, causa y efecto, y cómo o qué tipo.

En parejas / Para compartir **Trabaja con un compañero para pensar oraciones de ejemplo con dos cláusulas. Subraya las palabras de transición.**

____

____

____

____

____

Nombre ______________________ Fecha __________

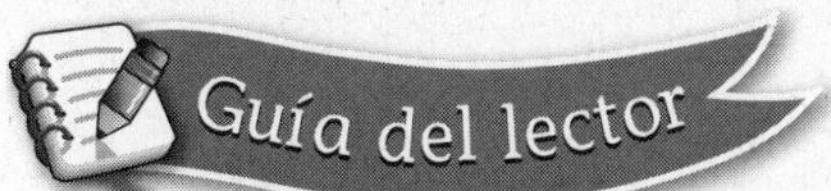

Sacagawea

El diario de Sacagawea

Repasa los acontecimientos de Sacagawea con Lewis y Clark durante el verano de 1805. Responde las siguientes preguntas para ayudar a escribir una anotación en el diario de Sacagawea.

Vuelve a leer las páginas 592 y 593. Cuando el bote que llevaba sus provisiones se llenó de agua, ¿en qué se diferenció la reacción de Sacagawea de la de su marido? ¿Qué te muestra esto de Sacagawea?

____

____

Vuelve a leer las páginas 594 y 595. ¿Por qué fue tan difícil viajar para Sacagawea y los exploradores en junio y julio de 1805?

____

____

Escribe dos detalles que muestren las dificultades que enfrentaron Sacagawea y los exploradores durante el verano de 1805.

____

____

¿Qué hizo Sacagawea cuando vio a su pueblo, los shoshone? ¿Qué relación hay entre esto y el modo en que actuó hasta este momento?

____

____

Nombre ______________________ Fecha ____________

Sacagawea
Lectura independiente

Escribe una anotación en el diario de Sacagawea que cuente los acontecimientos del verano de 1805. En la anotación, usa los detalles que encontraste, para inferir lo que Sacagawea pudo haber sentido cuando viajaba con Lewis y Clark.

Nombre ______________________ Fecha ____________

Matices de significado

Los **sinónimos** son palabras que tienen significado parecido. No significan exactamente lo mismo. Los sinónimos pueden causarnos sentimientos diferentes sobre el tema. Por ejemplo, si un bote **serpentea** río arriba, lo hace muy despacio. Sin embargo, si el bote **pasea** río arriba, el viaje es aún más lento y menos directo.

Encierra en un círculo el sinónimo que mejor se adapta al contexto de cada oración. En la línea, escribe por qué elegiste esta palabra.

1. Me gusta mucho leer sobre exploradores y me imagino en sus aventuras (alocadas, locas).

____

____

2. Sacagawea tomó la (audaz, atrevida) decisión de unirse al Cuerpo de Descubrimiento.

____

____

3. La tripulación no había comido nada durante días y (añoraban, deseaban) una comida.

____

____

4. El Cuerpo nunca habría llegado al Pacífico sin sus líderes (tenaces, tozudos).

____

____

5. Sacagawea se convirtió en alguien (importante, fundamental) para la misión.

____

____

Nombre ____________________ Fecha __________

Palabras con hiatos

Palabras básicas **Completa la oración usando una Palabra básica para cada una de las pistas.**

1. Con la luna llena sube la marea del ____________.
2. En ____________ soleados es posible ver a una mayor distancia.
3. Cuando hayamos leído el ____________, podremos hacer el informe escolar de literatura para este proyecto.
4. Ya terminé la ____________ de Ciencias.
5. ____________ mucha gente en el teatro.
6. El domingo iremos a pescar al ____________.

Palabras avanzadas **Escribe un correo electrónico para un amigo sobre una película que hayas visto hace poco. Describe una escena que te haya gustado. Usa dos Palabras avanzadas. Escribe en una hoja aparte.**

Palabras de ortografía

1. había
2. océano
3. canoa
4. aldeanos
5. oeste
6. tarea
7. aseado
8. oleada
9. poema
10. días
11. león
12. aéreo
13. léelo
14. río
15. cruel
16. púa
17. sonría
18. baúl
19. reíd
20. piano

Palabras avanzadas

beata
ojeada
caos
divertía
autoría

Nombre ______________________ Fecha ____________

Clasificar palabras de ortografía

Escribe cada Palabra básica junto a la descripción correcta.

palabras con dos sílabas	**Palabras básicas:** **Palabras avanzadas:** **Palabras posibles:**
palabras con tres o más sílabas	**Palabras básicas:** **Palabras avanzadas:** **Palabras posibles:**

Palabras avanzadas **Agrega las Palabras avanzadas en tu tabla para clasificar palabras.**

Conectar con la lectura **Vuelve a revisar *Sacagawea*. Encuentra palabras con hiatos y clasifícalas en la tabla de arriba.**

Palabras de ortografía

1. había
2. océano
3. canoa
4. aldeanos
5. oeste
6. tarea
7. aseado
8. oleada
9. poema
10. días
11. león
12. aéreo
13. léelo
14. río
15. cruel
16. púa
17. sonría
18. baúl
19. reíd
20. piano

Palabras avanzadas

beata
ojeada
caos
divertía
autoría

Nombre ______________________ Fecha ____________

Revisión de ortografía

Encuentra todas las palabras mal escritas y enciérralas en un círculo. Escríbelas correctamente en las líneas de abajo.

—He visto unos nubarrones grises hacia el oéste. ¿Cree que habrá tormenta esta noche, Capitán? —preguntó el marinero novato mientras entraba torpemente en el comedor del barco.

—Vaya a saber —contestó tranquilamente el capitán después de tragar su último bocado de paella—, hemos tenido muchos dias tranquilos y está soleado aún, pero la experiencia me ha mostrado que cuando la marea sube y baja de esta manera se puede esperar cualquier cosa, y eso me preocupa un poco...

El marinero se sentó a la mesa sin decir una palabra, habia escuchado y leído sobre el cáos que podían causar las tormentas en esa parte del planeta. Además siempre había sentido ese inexplicable miedo por el mar, sin embargo, su curiosidad y sentido de aventura lo habían persuadido a enlistarse en la Marina.

—¡Pero hombre —continuó el capitán al notar el silencio y la palidez repentina del joven—, sonria, mi intención no fue sabotear su apetito! Disfrute de su paella y déjeme que yo me ocupo del oceano; éste es uno de los barcos más grandes y modernos de la flota, no una simple canóa.

Una oleáda de tranquilidad invadió al marinero con las palabras del viejo capitán y mientras comía decidió confiar en la experiencia que todos esos años en altamar le habían brindado a su comandante. Nunca había comido una paella tan deliciosa.

1. ______________________ 5. ______________________
2. ______________________ 6. ______________________
3. ______________________ 7. ______________________
4. ______________________ 8. ______________________

Palabras de ortografía

1. había
2. océano
3. canoa
4. aldeanos
5. oeste
6. tarea
7. aseado
8. oleada
9. poema
10. días
11. león
12. aéreo
13. léelo
14. río
15. cruel
16. púa
17. sonría
18. baúl
19. reíd
20. piano

Palabras avanzadas

beata
ojeada
caos
divertía
autoría

Nombre ______________________ Fecha ____________

Abreviaturas en títulos de personas y lugares

Una **abreviatura** es una forma breve de una palabra. La mayoría de las abreviaturas comienzan con una letra mayúscula y terminan con un punto. Ambas letras de las abreviaturas de los nombres de los estados de Estados Unidos son mayúsculas y no se usa punto.

Persona	**Sr.** Hideki Nomo.
Lugar	**Blvd.** Porter **N.º** 55
Lugar	Shoreline, **WA** 98155

Pregunta para reflexionar
¿Qué partes del lugar son abreviaturas?

1 a 8. Escribe cada grupo de palabras, usando una abreviatura para las palabras subrayadas.

1. Compañía Textil Shoshone ______________
2. Doctor Francisco Pérez ______________
3. Señora Guadalupe Arjona ______________
4. Los Ángeles, California ______________
5. Charles Pompy, Hijo ______________
6. General Oscar Martínez ______________
7. Avenida Perkins 232 ______________
8. Beavercreek, Oregon 97004 ______________

Nombre ______________________ Fecha __________

Abreviaturas en direcciones

Una **abreviatura** es la forma breve de una palabra. Usa abreviaturas cuando escribas nombres de calles y estados en una dirección postal. Las abreviaturas de *boulevard* y *avenida* se escriben con una letra mayúscula al principio y un punto al final. Escribe ambas letras de la abreviatura de los estados de Estados Unidos en mayúscula y no uses punto al final.

Avenida	Avda.	Boulevard	Blvd.
Apartado	Apdo.	Código Postal	C. P.
Número	N.º	Casilla de Correo	C. C.

Pregunta para reflexionar
¿Qué partes de una dirección puedes abreviar?

Escribe de nuevo cada dirección usando abreviaturas.

Dirección completa	Dirección abreviada
1. Señor Jesús Saravia Compañía Proveedora de Lácteos Avenida López Mateos, Número 15 Código Postal 53280	
2. Señora Francisca Jiménez Boulevard Florencia, Número 48 Colonia Los Álamos Código Postal 11500	
3. Ingeniero Gregorio Nulman Casilla de Correo 98104 Seattle, Washington 98104	

Nombre ______________________ Fecha __________

Sacagawea

Gramática: Abreviaturas

Abreviaturas en meses y días

Una **abreviatura** es una forma breve de una palabra. La mayoría de las abreviaturas comienzan con una letra mayúscula y terminan con un punto. Las abreviaturas de los días de la semana y de los meses en cambio, comienzan con minúscula.

día **mes**
mié. 26 de ago.

Preguntas para reflexionar
¿Qué partes puedo abreviar? ¿Cómo puedo abreviar toda la palabra?

1 a 7. Escribe estos grupos de palabras con las abreviaturas correctas.

1. lunes 3 y 5 de abril ______________
2. de marzo a noviembre de 2013 ______________
3. jueves, 29 de septiembre, 1971 ______________
4. todos los jueves de octubre ______________
5. 10 de marzo, 1922 ______________
6. lunes a viernes ______________
7. martes 27 de febrero, 1805 ______________

Nombre ______________________ Fecha ____________

Palabras que se suelen confundir

Muchas palabras se pronuncian igual pero su ortografía y su significado son diferentes.

ahí	en ese lugar	El perro está **ahí**.
hay	forma del verbo *haber*	**Hay** muchos cambios en el estado del tiempo.
ay	interjección que expresa dolor	¡**Ay**! me corté el dedo.
haber	verbo	Debe **haber** caído mucha lluvia.
a ver	preposición + verbo	Salgamos **a ver** el arco iris.
valla	cerco, vallado	La tormenta arrasó con la **valla** de la escuela.
vaya	forma del verbo *ir*	Dile que no se **vaya**, hay tarea.
baya	fruto de ciertas plantas	Comimos jugosas **bayas** que encontramos al lado del camino.

1 a 8. Encierra en un círculo la palabra correcta dentro de los paréntesis.

1. (Ahí, Hay, Ay) un camalote flotando en el río.
2. Vamos (haber, a ver) la película de exploradores.
3. No podemos entrar, la (valla, vaya, baya) nos lo impide.
4. El capitán está (ahí, hay, ay).
5. En algún lugar, tenía que (haber, a ver) víveres.
6. (Ahí, Hay, Ay) los esperaban las vastas tierras estadounidenses.
7. En la montaña, los exploradores comían muy poco. Incluso comieron (vallas, vayas, bayas) que encontraron en el camino.
8. Sacagawea nunca pensó que iba (a ver, haber) a su hermano, que ahora era un jefe shoshone.

Convenciones

Cada grupo de palabras tiene dos abreviaturas incorrectas. Usa las marcas de corrección para corregir las abreviaturas.

1. Sr. y sra Charbonneau

1804 Hidatsa Dr.

Sioux City, Ia., 51101

2. Vier. 14 de febr.

3. el lu. 23 de ago. en la Av. Madison.

4. Lune., 22 de Oct.

5. Dr Michelle Mitchel

432 blvard. Expedition

Bethel, ME 04217

6. lun. a vier de agos. de 2014

Nombre ______________________ Fecha __________

Punto de enfoque: Ideas

Elegir detalles interesantes e importantes

Los buenos escritores intentan usar detalles que interesen a los lectores. Los detalles deben relacionar los sucesos principales de la narración.

Con detalles poco interesantes y no importantes	Con detalles interesantes e importantes
El recién nacido Jean-Baptiste Charbonneau comenzó su vida con una gran aventura. **Se convirtió en un favorito de William Clark. (no importante)** Cargado sobre la espalda de su madre, el niño recorrió los rápidos de varios ríos. **Vio mucha vida silvestre. (poco interesante)**	El recién nacido Jean-Baptiste Charbonneau comenzó su vida con una gran aventura. Cargado sobre la espalda de su madre, el niño recorrió los rápidos de varios ríos. Vio búfalos, lobos, muflones y feroces osos grizzly.

Lee las siguientes oraciones. Tacha los detalles que no sean importantes o interesantes. Luego vuelve a escribir las oraciones.

1. Jean-Baptiste se enfermó gravemente en 1806, en el viaje de regreso. Tenía fiebre. Su cuello y su garganta estaban inflamados. Una mezcla de aceite de oso, resina de pino y cebollas salvajes lo ayudó a recuperarse. Luego, el niño tuvo una vida interesante.

   ____

   ____

   ____

Vuelve a escribir las siguientes oraciones en una hoja de papel. Reemplaza las palabras subrayadas con detalles más importantes e interesantes.

2. <u>Sería lindo</u> vivir una aventura como la de Jean-Baptiste. Los niños del futuro podrían nacer en la luna o viajar a Marte. <u>Podría ser peligroso. Seguramente sería interesante.</u>

Nombre ______________________ Fecha ____________

Guía del lector

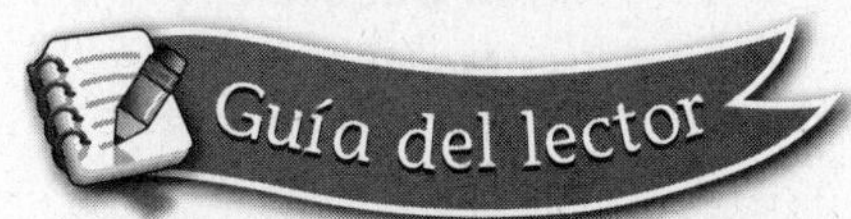

Don Quijote

Miguel de Cervantes Saavedra

***El ingenioso hidalgo don Quijote de la Mancha* fue escrito por Miguel de Cervantes Saavedra hace cuatrocientos años. Su vida estuvo llena de emociones y aventuras. Vuelve a leer las páginas 5 y 6. Busca hechos interesantes en la vida de Cervantes que lo inspiraron a crear su obra y escríbelos en las líneas de abajo.**

Nombre ______________________ Fecha ____________

Palabras difíciles

En la página 6 se muestran algunas palabras difíciles que aparecen en el libro. Lee la lista y escribe la palabra que corresponde a cada definición.

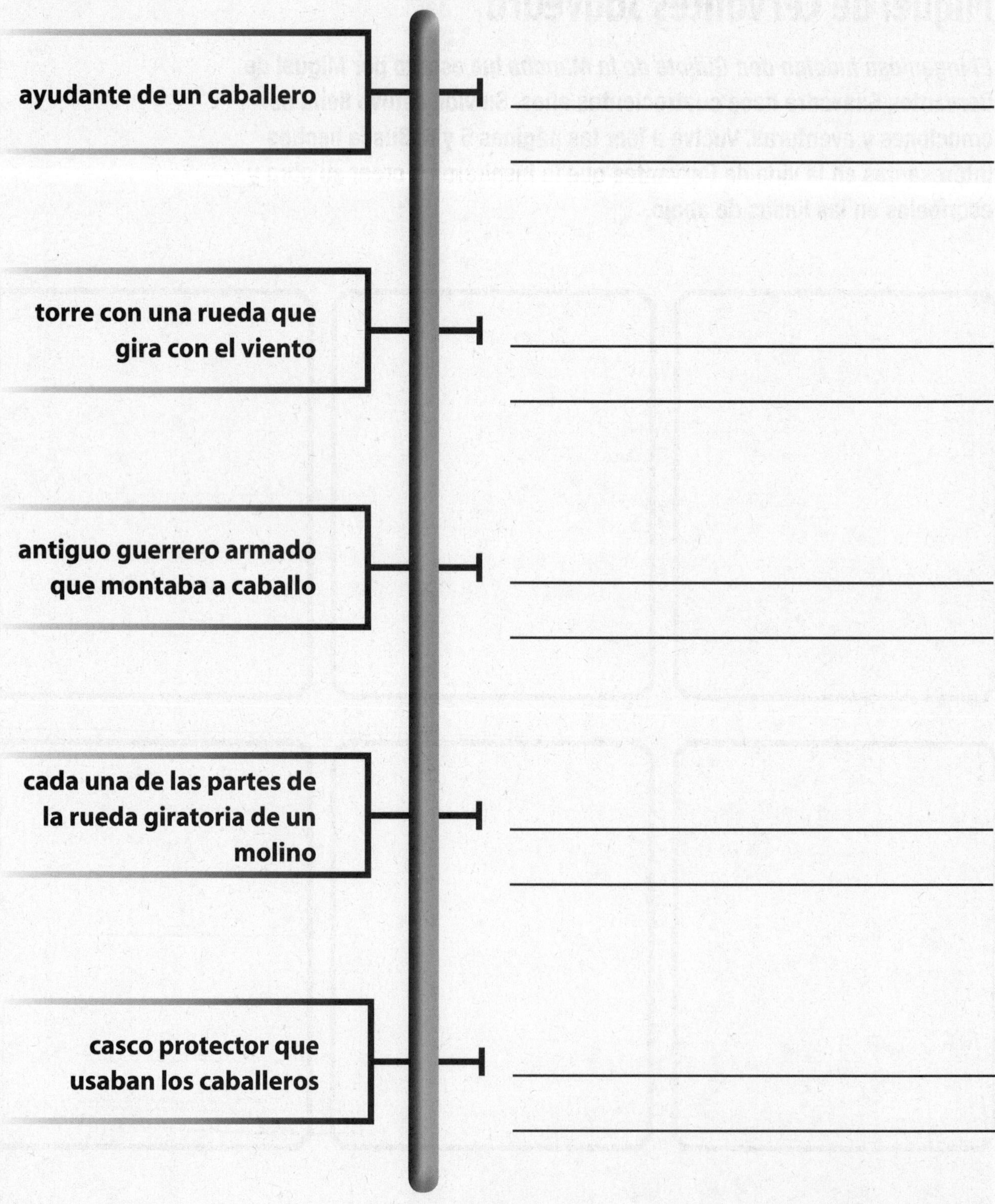

Nombre ______________________________ Fecha ____________

¡A imaginar y describir!

Las ilustraciones nos ayudan a imaginar cómo son los personajes.

Observa detalladamente las ilustraciones de la página 7. Describe a Don Quijote y a otro personaje a partir de estas observaciones.

Nombre ______________________ Fecha ____________

Don Alonso Quijano pierde la cabeza por sumergirse en el mundo de fantasía de las historias de caballeros que vive leyendo.

Lee las páginas 9 y 10. Piensa cómo era Alonso antes y después de convertirse en don Quijote de la Mancha y qué cambios hizo para lograrlo. Describe estos cambios en las líneas de abajo y luego dibuja la transformación de Alonso en don Quijote.

Nombre ______________________ Fecha ____________

Realidad y fantasía

Alonso Quijano disfrutaba muchísimo las historias de caballeros. Tanto era así que decidió convertirse en uno de ellos. Vuelve a leer las páginas 9 a 11. Piensa en las diferencias entre la realidad y la fantasía que crea Alonso para completar las tablas de abajo.

Aldonza es...	Dulcinea es...

Alonso Quijano es...	Don Quijote de la Mancha es...

Nombre ____________________ Fecha __________

Don Quijote

Sección 1
Lectura independiente

Un verdadero caballero lleva ...	Don Quijote lleva ...

Un verdadero caballero monta...	Don Quijote monta ...

Nombre ______________________ Fecha ____________

Guía del lector

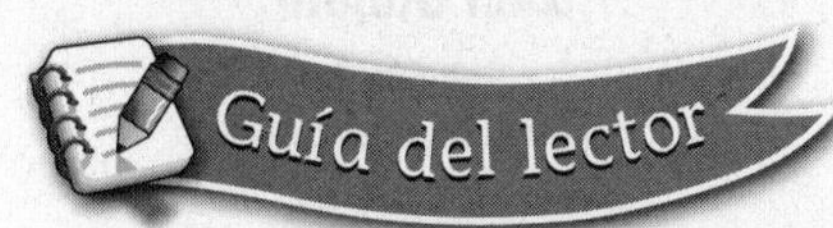

El álbum de don Quijote

Lee las páginas 12 a 16. Imagínate que eres fotógrafo y que viajaste en el tiempo para fotografiar el viaje de don Quijote. Diseña un álbum con las fotos del escenario y los personajes que se presentan en estas páginas. Escribe un pie de foto para cada una.

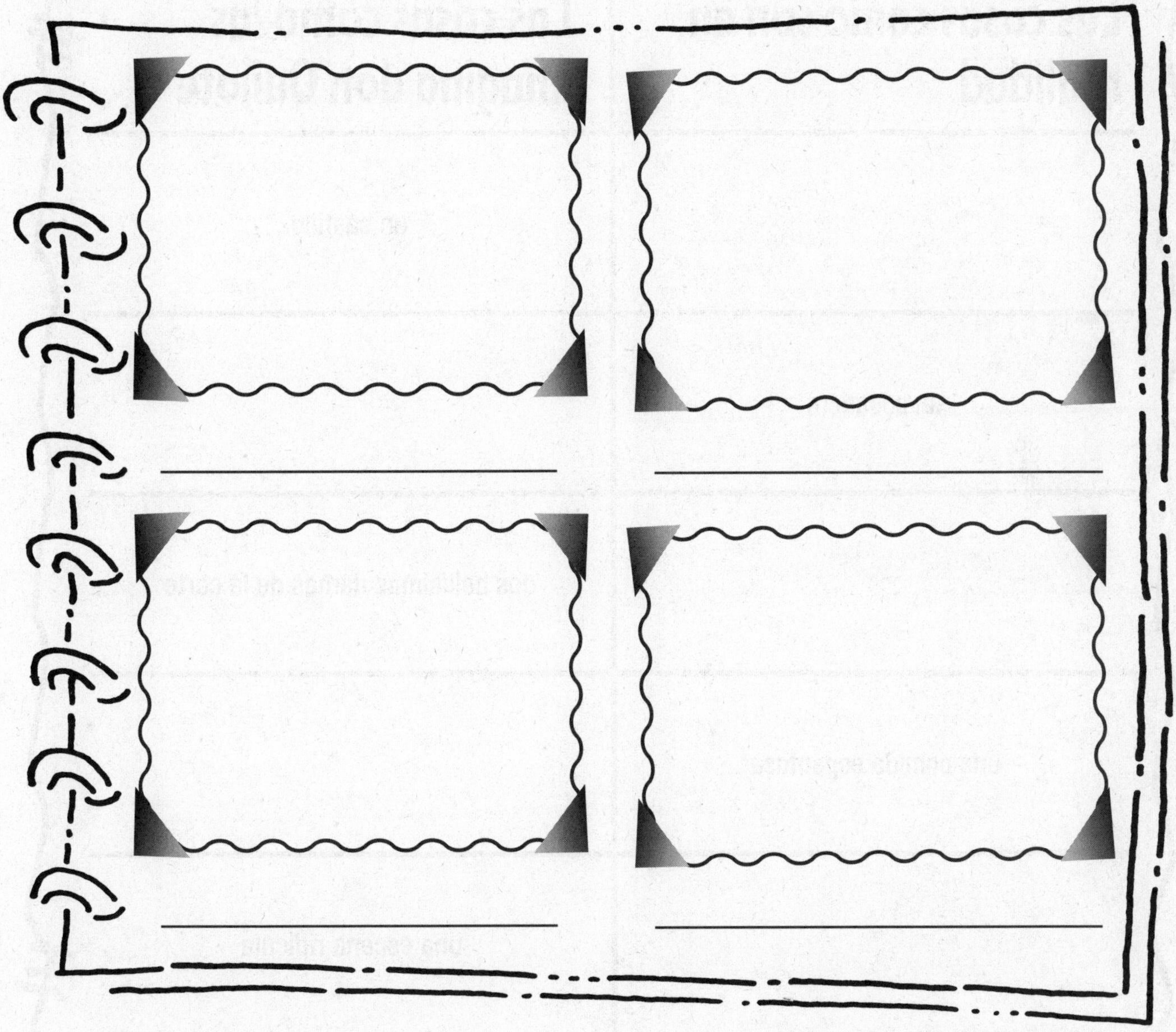

Nombre ______________________ Fecha ____________

Don Quijote tiene mucha imaginación. Usa detalles de las páginas 12 a 16 para completar la siguiente tabla. En la columna de la izquierda escribe cómo son las cosas en realidad y en la de la derecha, cómo las ve don Quijote.

Las cosas como son en realidad	Las cosas como las imagina don Quijote
	un castillo
un posadero	
	dos bellísimas damas de la corte
una comida espantosa	
	una escena ridícula

Nombre ______________________ Fecha ______________

Lucha quijotesca

Don Quijote tiene un enfrentamiento con unos viajeros en el camino de regreso a casa. Lee las páginas 17 y 18. Elige cuatro escenas e ilústralas en los recuadros. Escribe un título para cada ilustración en las líneas de abajo.

Nombre ______________________ Fecha ___________

Don Quijote

Sección 2
Lectura independiente

____

____

____

____

Nombre ______________________ Fecha ____________

Una placa sobre don Quijote

Has aprendido bastante sobre don Quijote. Imagina que eres el encargado de crear una placa para recordar la partida de don Quijote junto a su acompañante Sancho Panza en busca de aventuras.

Lee la página 19. Piensa en la información que incluirás en tu placa y qué palabras descriptivas usarás para que esta suene más interesante.

Nombre ______________________ Fecha ____________

Un nuevo personaje

En la página 19 se presenta a un nuevo personaje. Vuelve a leer esta página y busca los detalles para completar la siguiente ficha.

Ficha del personaje

Nombre:

____

Ocupación:

____

____

Características de su personalidad:

____

____

____

Animal que lo acompaña:

____

____

____

Nombre ______________________ Fecha __________

Don Quijote ilustrado

Lee las páginas 20 y 21. Usa las descripciones del texto para dibujar las cosas como son del lado izquierdo y como las imagina don Quijote del lado derecho.

Molino de viento	Gigante

Nombre ______________________ Fecha ____________

Al final de la página 21, se dice que las desventuras de don Quijote y Sancho Panza “se fueron amontonando como las hojas que caen de los árboles en el otoño”. Explica qué crees que significa está expresión.

____

____

____

____

Nombre ______________________ Fecha ____________

Acertijos quijotescos

En este libro hay muchas palabras que quizás no conozcas. Lee los siguientes acertijos e intenta adivinar la palabra que describen. Si necesitas una pista, consulta la página que se indica debajo del acertijo.

Soy un verbo que describe cuando una persona gruñe o hace lo que se manda de mala gana.

¿Qué verbo soy?

____

____

____

¿Necesitas una pista? Lee la página 22.

Soy una palabra que describe una revancha o toma de venganza.

¿Qué palabra soy?

____

____

____

¿Necesitas una pista? Lee la página 22.

Soy una palabra que describe una nube de polvo que se levanta de la tierra, agitada por el viento o por otra causa.

¿Qué palabra soy?

____

____

____

¿Necesitas una pista? Lee la página 22.

Soy una palabra que describe la voz del caballo.

¿Qué palabra soy?

____

____

¿Necesitas una pista? Lee la página 22.

Nombre _______________________ Fecha _____________

Escribe dos acertijos sobre palabras nuevas que hayas aprendido en las páginas 23 y 24. Incluye el número de página debajo para que el lector busque más pistas si las necesita.

Ahora da vuelta la hoja. Escribe las respuestas a los acertijos que escribiste sobre la línea de abajo.

Nombre ______________________ Fecha ____________

El yelmo de Mambrino

Don Quijote sigue viendo lo que quiere ver. En esta sección has leído sobre sus desventuras con Sancho Panza. Usa lo que aprendiste para tomar notas a partir de las cuales escribirás un resumen.

Vuelve a leer las páginas 25 y 26 y toma notas de las cosas que les suceden a los personajes relacionadas con el yelmo de Mambrino.

Nombre ______________________ Fecha __________

Ahora usa tus notas para crear un resumen en línea del episodio de don Quijote y Sancho Panza con el hombre que montaba un asno y llevaba un supuesto yelmo de oro en su cabeza.

Archivo Edición Vista Favoritos Herramientas Ayuda

Dirección e

Ir

El yelmo de Mambrino

Internet

Nombre ______________________ Fecha ____________

Don Quijote y Sancho en la posada

Don Quijote y Sancho Panza llegan a otra posada, agotados y doloridos. Lee la página 29. Imagina qué argumentos pudieron haber usado don Quijote y Sancho Panza para convencer al posadero. Escribe un diálogo usando palabras persuasivas.

DIÁLOGO QUIJOTESCO

Nombre ______________________ Fecha ____________

Contratar a un ilustrador

Las ilustraciones ayudan a los lectores a comprender el texto. Observa las ilustraciones en las páginas 29 y 31. Imagina que debes encargarle a un ilustrador un dibujo que represente alguna escena de la página 30. Escribe una nota que describa los detalles de la ilustración que deseas y qué parte del texto quieres representar.

Ilustración para la página 30 ______________________

Notas: ______________________

____

____

____

____

____

____

Nombre ______________________ Fecha __________

Don Quijote y el Caballero de la Blanca Luna

Lee las páginas 32 a 34. Escribe tres oraciones que resuman los hechos más importantes en cada uno de los trozos de papel y dibuja la escena.

Nombre ______________________ Fecha ____________

Vocabulario quijotesco

En las páginas 29 a 38, busca palabras o frases que estén relacionadas con el tema que se indica en cada uno de los recuadros y complétalos.

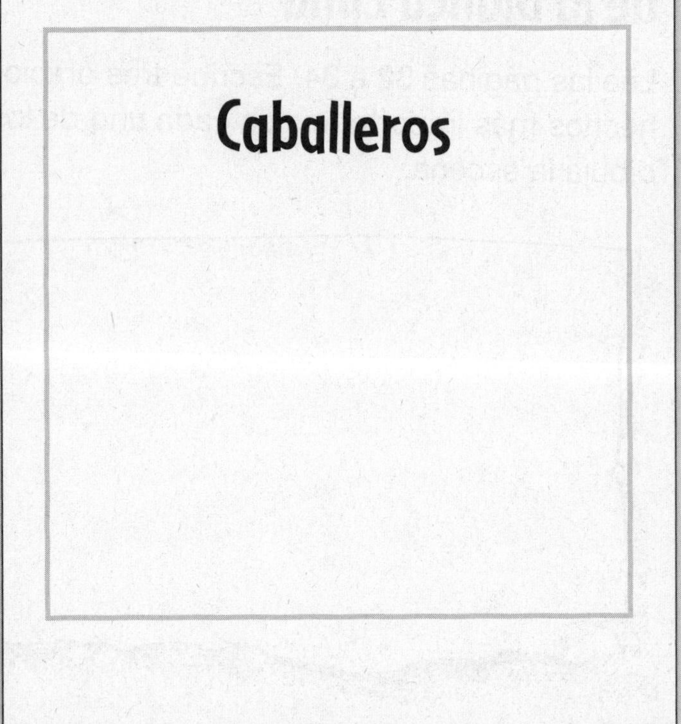

Desventuras

Locuras

Nombre ______________________ Fecha ____________

Estimado editor

Don Quijote es el libro más famoso que se haya escrito en español. ¿Por qué crees que sigue teniendo tanto éxito entre los lectores a pesar del paso del tiempo? Escribe una carta al editor del periódico escolar para pedirle que publique una reseña de este libro. Cuéntale lo que incluirías en tu reseña de _Don Quijote_.

Estimado editor:

____

____

____

____

____

____

____

____

____

____

____

Atentamente,

____

Nombre ______________________ Fecha ____________

Mi biblioteca

El editor del periódico escolar ha aceptado tu pedido. Ahora escribe la reseña de *Don Quijote.* Rellena de una a cinco estrellas para calificar el libro. Explica algo que te haya parecido interesante. Luego explica lo que opinas del libro. Apoya las ideas de tu reseña con ejemplos del libro.

Don Quijote

Califico a este libro con: ☆ ☆ ☆ ☆ ☆

____

____

____

____

____

____

____

____

____

____

____

Nombre _______________________________ Fecha _______________

El mundo según Humphrey

La propuesta de A. J.

Es posible que A. J. haya aprendido no solo lo que es cuidar un hámster durante un fin de semana, sino algo más. Imagina que A. J. quiere contar lo que aprendió sobre los efectos nocivos de mirar demasiada televisión. Escribe una propuesta en la que A. J. le cuente a sus compañeros de clase por qué deberían tener una "noche por semana sin televisión". Primero, responde a las siguientes preguntas.

Vuelve a leer las páginas 628, 632 y 633. ¿Cómo han cambiado las actividades que A. J. realiza por la noche?

____

____

Mira las ilustraciones de las páginas 628 y 633. ¿Cómo se ve la familia en cada ilustración?

____

____

____

¿Cómo puede afectar a una familia mirar demasiada televisión?

____

____

____

Nombre ______________________ Fecha ______________

Escribe la propuesta de A. J. de una "noche por semana sin televisión" para sus compañeros de clase. ¿Qué podría decir A. J. sobre mirar demasiada televisión basado en lo que ocurrió el fin de semana? Presenta el argumento de A. J. de por qué sería bueno para todos apagar el televisor al menos una noche por semana. Usa detalles del cuento para apoyar el argumento de A. J.

Propongo una noche por semana sin televisión

TV

____

____

____

____

____

____

____

____

____

____

____

Nombre _______________ Fecha _______________

Usar el vocabulario en contexto

figura	canto	más	suela
cubierto	solo	banco	sierra

Cada oración contiene una palabra que tiene varios significados. Completa el círculo junto al significado correspondiente a la palabra en la oración.

1. Alma sabe que hacer ejercicio es bueno para su <u>figura</u>.
   ○ **A.** forma ○ **B.** ilustración

2. El restaurante cobraba mucho por el <u>cubierto</u>.
   ○ **A.** servicio ○ **B.** techumbre

3. El <u>canto</u> de las aves en primavera es de lo más hermoso.
   ○ **A.** lado ○ **B.** sonido melodioso

4. La <u>sierra</u> estaba completamente cubierta de nieve, lo que la hacía imposible de escalar en esa temporada.
   ○ **A.** montañas ○ **B.** instrumento de corte

5. El explorador estaba <u>solo</u> porque nadie quiso acompañarlo.
   ○ **A.** únicamente ○ **B.** sin compañía

6. Se nos terminó la leche así que iremos a comprar <u>más</u>.
   ○ **A.** pero ○ **B.** mayor cantidad

7. El <u>banco</u> estaba cerrado porque no trabajan los domingos.
   ○ **A.** institución financiera ○ **B.** asiento

8. La persona que <u>suela</u> llegar tarde será expulsada de la clase.
   ○ **A.** parte inferior del zapato ○ **B.** acostumbre

Nombre ______________________ Fecha ____________

Palabras con diptongos

Palabras básicas 1 a 10. Escribe la Palabra básica que mejor complete cada espacio en blanco.

Mi (1) __________ es una verdadera artista, estoy orgullosa de ser su nieta. No sólo es la mejor repostera de esta (2) __________ y sus alrededores, sino que también es maestra de (3) __________ en el teatro y pintora. Le gusta pasar las tardes al (4) __________ libre, en el patio trasero de la casa, lejos del tumulto (5) __________ y ensordecedor de la calle, y allí componer sus hermosas pinturas al óleo. Dice que, desde su infancia en un pueblito (6) __________ del caribe, ha sentido una fascinación especial por el mundo animal, en particular el de los animales prehistóricos. Su cuadro favorito tiene un dinosaurio de (7) __________ verdosa que pasta junto a una caída de agua. Ella dice que yo debería pintar un cuadro. ¡Creo que tiene razón! Voy a pedirle que me enseñe porque quiero pintar un cuadro sobre un (8) __________ que viaja en su nave espacial y llega a un (9) __________ mientras las estrellas (10) __________ a su alrededor.

1. __________
2. __________
3. __________
4. __________
5. __________
6. __________
7. __________
8. __________
9. __________
10. __________

Palabras avanzadas 11 a 14. En una hoja aparte escribe un párrafo corto sobre una pintura que te gustaría pintar. Usa cuatro Palabras avanzadas.

Palabras de ortografía

1. abuela
2. ruidoso
3. piel
4. autobús
5. bailan
6. reunión
7. aire
8. asteroide
9. actuación
10. arruinado
11. abierto
12. haitiano
13. ciudad
14. aplaudir
15. astronauta
16. aula
17. aullar
18. afeitar
19. peinado
20. deuda

Palabras avanzadas

airoso
arraigado
aeronauta
abolición
vacación

Nombre ____________________ Fecha ____________

Clasificar palabras de ortografía

Escribe cada Palabra básica junto a la descripción correcta.

palabras con diptongo formado por dos vocales cerradas	**Palabras básicas:** **Palabras posibles:**
palabras con diptongo formado por una vocal cerrada y una abierta o una vocal abierta y una cerrada	**Palabras básicas:** **Palabras avanzadas:** **Palabras posibles:**

Palabras avanzadas **Agrega las Palabras avanzadas en tu tabla para clasificar palabras.**

Conectar con la lectura **Vuelve a revisar *El mundo según Humphrey*. Encuentra palabras que tengan diptongos y clasifícalas en la tabla de arriba.**

Palabras de ortografía

1. abuela
2. ruidoso
3. piel
4. autobús
5. bailan
6. reunión
7. aire
8. asteroide
9. actuación
10. arruinado
11. abierto
12. haitiano
13. ciudad
14. aplaudir
15. astronauta
16. aula
17. aullar
18. afeitar
19. peinado
20. deuda

Palabras avanzadas

airoso
arraigado
aeronauta
abolición
vacación

Nombre _______________ Fecha _______

El mundo según Humphrey
Ortografía: Palabras con diptongos

Revisión de ortografía

Encuentra todas las palabras mal escritas y enciérralas en un círculo. Escríbelas correctamente en las líneas de abajo.

Los cargueros petroleros son enormes y sus cisternas llevan miles de galones de petróleo. El petróleo es un líquido negro con el que se produce el combustible que usan todos los medios de transporte, desde una motocicleta hasta un enorme aútobus. A veces estos barcos tienen accidentes y derraman el petróleo en el mar. Esto es muy peligroso para el medioambiente, en especial para el reino animal. Al igual que el aceite, el petróleo es más liviano que el agua y flota sobre la superficie del mar, por lo que contamina no sólo el agua, sino también el aigre. La marea lo arrastra hasta la playa. Las gaviotas, las focas y los leones marinos mueren. La piél y el plumaje de estos animales quedan impregnados del líquido. Cuando ocurre un derrame, muchos voluntarios de la cuidad más cercana ayudan a los animales. Hacen una reuníon en la zona y con guantes y cepillos lavan a los animales hasta dejarlos limpios. Gracias a su rápida actúacion, se pueden salvar muchos animales y se evita que su hábitat quede arriunado.

1. ______________
2. ______________
3. ______________
4. ______________
5. ______________
6. ______________
7. ______________

8 a 12. En una hoja aparte escribe un párrafo que describa lo que haces para ayudar a preservar el medioambiente. Usa cinco palabras de ortografía.

Palabras de ortografía

1. abuela
2. ruidoso
3. piel
4. autobús
5. bailan
6. reunión
7. aire
8. asteroide
9. actuación
10. arruinado
11. abierto
12. haitiano
13. ciudad
14. aplaudir
15. astronauta
16. aula
17. aullar
18. afeitar
19. peinado
20. deuda

Palabras avanzadas

airoso
arraigado
aeronauta
abolición
vacación

Nombre ______________________ Fecha __________

La forma comparativa de los adjetivos

La **forma comparativa** de los adjetivos compara dos personas, lugares o cosas con la construcción *más/menos + adjetivo + que*.

adjetivo	**forma comparativa**
José es alto.	Jacobo es más alto que José.
Hoy el día está seco.	Hoy el día está menos seco que ayer.

Pregunta para reflexionar
¿Se están comparando dos personas, lugares o cosas?

1 a 4. Escribe la forma comparativa del adjetivo en cada oración.

1. Creo que la primavera es calurosa, pero el verano es ____________ que la primavera.
2. Parece que mi perro tiene hambre, pero tu perro parece tener ____________ que el mío.
3. Mari no es muy alta, pero Cintia es ____________ que Mari.
4. Su canción es preciosa, pero creo que tu canción es ____________ que la suya.

5 a 8. Escribe la forma comparativa de cada adjetivo que está entre paréntesis.

5. Sabri se sintió (triste) ____________ que nunca cuando supo que tenía gripe.
6. Esa empresa que cerró era (rentable) ____________ que su competidora.
7. ¿Estarías (cómodo) ____________ sentado aquí que quedarte parado?
8. La cena de esta noche tiene un sabor (delicioso) ____________ que la insuperable comida de anoche.

La forma superlativa de los adjetivos

La **forma superlativa** compara más de dos personas, lugares o cosas con la construcción *el/la* + *más/menos* + adjetivo, la palabra *muy* delante del adjetivo o el sufijo *-ísimo* al final del adjetivo. Hay algunas excepciones como *bueno/mejor/el mejor* y *malo/peor/el peor*.

Adjetivo	Forma comparativa	Forma superlativa
feliz	más feliz	el más feliz de todos
complejo	más complejo	muy complejo
hermoso	más hermoso	hermosísimo

Emilia es *más afortunada que* María, pero Alisa es *la más afortunada* de las tres.
Sin un mapa, Gregorio es *más despistado que* Lito, pero Eduardo es *muy despistado*.
Juana es flaca, pero Dora es *flaquísima*.

Pregunta para reflexionar
¿Se comparan más de dos personas, lugares o cosas?

1 a 5. Escribe la forma correcta del adjetivo entre paréntesis para completar la oración.

1. La rosa es bonita, pero Tomás cree que la orquídea es (bonita) ______________.
2. Susana dice que de todas las flores, la peonía es (bonita) ______________.
3. Este tulipán tiene la tonalidad del rojo (brillante) ______________ que he visto jamás.
4. Carina le contó que el aroma de la lavanda es (maravilloso) ______________.
5. De todas las plantas, los árboles son (altos) ______________.

Nombre ______________________ Fecha ____________

Las formas comparativa y superlativa de los adverbios

Los adverbios también tienen forma comparativa y superlativa. Para la **forma comparativa**, usa *más/menos + adverbio + que*. Para la **superlativa**, coloca *muy* delante del adverbio o agrega *-ísimo* al final del adverbio. Recuerda las excepciones *bien/mejor/muy bien* y *mal/peor/muy mal*.

Adverbio	Comparativo	Superlativo
lentamente	más lentamente	lentísimo
pronto	más pronto	prontísimo
rápidamente	más rápidamente	rapidísimo

Preguntas para reflexionar
¿Se agregan las palabras más...que? ¿Se agrega muy *o* -ísimo*?*

Usa un adverbio comparativo o superlativo para completar los espacios en blanco. Usa la lista de la derecha para completar las oraciones.

1. Muchos músicos tocaban fuerte, pero Donato tocaba la trompeta ____________.
2. Sara podía sumar ____________ que su hermano.
3. Gerardo corría ____________ que su mejor amigo.
4. De todas mis amigas, Carmen vive ____________.
5. Marta trabajó ____________ en el proyecto que su socia.
6. De entre los tres concursantes, Jeremías respondió la pregunta ____________.

más fuerte
más fuertemente
más rápido
más rápidamente
más tarde
tardísimo
más cerca
cerquísimo
más arduo
más arduamente

Nombre ____________________ Fecha __________

Preposiciones y frases preposicionales

Preposición	Frase preposicional
de	Sacar a un animal salvaje *de* su hábitat no es prudente.

Subraya la preposición dos veces y el resto de la frase preposicional una vez en cada oración.

1. Las jóvenes tortugas avanzaron lentamente hacia la bulliciosa y peligrosa calle.
2. La señora Rolando vio las tres tortugas en su larga caminata.
3. Ella trata a los animales con amabilidad y respeto.
4. Llevó a las jóvenes tortugas a un lugar seguro.
5. Los pequeños animalitos se habían desviado de la espesura del pantano.
6. El pantano junto al bosque era un lugar mejor que la carretera.

Combina cada par de oraciones. Escribe la nueva oración en el espacio en blanco. Usa correctamente las mayúsculas y la puntuación.

7. La señora Rolando tarareaba mientras caminaba. Caminaba a su casa.

   ____

8. Alimentaba a sus peces y los observaba. Ellos nadaban en el acuario.

   ____

9. Deberías estar contento. Vives en una casa segura.

   ____

Nombre ______________________ Fecha ____________

Elección de palabras

Usar adjetivos comparativos y superlativos, así como adverbios, más descriptivos hacen que tu texto sea más interesante.

Menos descriptivo	Más descriptivo
La cena huele mejor que el almuerzo.	La cena huele más picante y más sabrosa que el almuerzo.
La caja grande es la más pesada.	La caja grande es la más difícil de acomodar.

Vuelve a escribir cada oración para hacerla más interesante. Intenta usar adjetivos y adverbios más descriptivos.

1. Mi estrella favorita es más brillante que un foco.

 ____

2. Es tal vez la estrella más brillante del mundo.

 ____

3. ¿No te parece que el Sol brilla con más claridad que tu estrella?

 ____

4. El Sol es quizá el que brilla más fuerte en el universo.

 ____

5. El papel del Sol en nuestras vidas es mayor que el de la Luna.

 ____

6. La energía del Sol es mejor que la energía del viento.

 ____

Nombre _________________________________ Fecha ______________

Punto de enfoque: Ideas

Puedes hacer que tus ideas sean más claras si tu párrafo tiene una oración temática. Elimina los detalles innecesarios, o no importantes, para apoyar mejor la idea principal.

Lee el párrafo de abajo. Encierra en un círculo la oración que sería la mejor oración temática para comenzar el párrafo. Subraya dos detalles que no pertenecen al párrafo.

Uno de los primeros cepillos de dientes se llamaba el "palillo de mascar". Era una ramita como del tamaño de un lápiz. Un extremo de la ramita era puntiagudo. El otro extremo se mordía hasta que quedaba suave como un cepillo. Las personas se lavaban los dientes con el extremo mordido. Con el extremo puntiagudo, limpiaban el espacio entre los dientes. Levi Spear Parmly (1790-1859), dentista de Nueva Orleans, tiene el crédito de haber inventado el moderno hilo dental. Quizás te sorprenda saber que los humanos se han cepillado los dientes por miles de años. Los chinos fueron los primeros en usar cepillos de dientes con cerdas. El mango era de hueso o de bambú tallado. Las cerdas eran de pelo de animal sujetas a un extremo del mango. Estas cerdas duras limpiaban mejor que el palillo de mascar. El primer cepillo de dientes de nailon se llamaba "El milagroso cepillo de dientes del doctor West".

Nombre ______________________________ Fecha ______________

¡Yo podría hacerlo! Esther Morris logra que las mujeres voten

Lectura independiente

¡Yo podría hacerlo! Esther Morris logra que las mujeres voten

Entrevista con la Sra. Esther Morris

Ha venido un periodista a entrevistar a la Sra. Esther Morris, la primera mujer en ocupar un cargo público en Estados Unidos. Ayuda a completar la entrevista respondiendo a las siguientes preguntas.

Esther, su madre murió cuando era muy joven. ¿Cómo la afectó la muerte de su madre?

Vuelve a leer la página 657 para dar la respuesta de Esther.

____

____

¿Por qué comenzó su propio negocio a tan temprana edad?

Vuelve a leer el primer párrafo de la página 658 para dar la respuesta de Esther.

____

____

____

Nombre ______________________ Fecha __________

¡Yo podría hacerlo! Esther Morris logra que las mujeres voten

Lectura independiente

Después de la muerte de su marido, se mudó a Illinois para reclamar sus tierras. La ley impidió que fuera dueña de la tierra porque era mujer. ¿Cómo la afectó esto?

Vuelve a leer la página 659. ¿Cómo pudo haber afectado esto a Esther? Usa estas respuestas para dar la respuesta de Esther.

¿Por qué cree que es importante que las mujeres tengan los mismos derechos que los hombres?

Piensa en la personalidad de Esther y en los acontecimientos de su vida para escribir su respuesta.

Nombre _______________ Fecha _______________

Refranes y proverbios

¡Yo podría hacerlo!
Estrategias de vocabulario:
Refranes y proverbios

Subraya el refrán o proverbio de cada oración. Luego explica con tus palabras qué significan.

1. Para que dejara de dar rodeos, José pidió a su hermano que llamara al pan, pan y al vino, vino.

____

2. Ana vio que la tarea era difícil, pero pensó que todo largo camino comienza con un paso.

____

3. Marta explicó a su hijo que no debía hacer tantas cosas a la vez porque el que mucho abarca poco aprieta.

____

4. Cuando Juan perdió el primer tiempo del partido pensó que el que ríe último ríe mejor.

____

5. Como Pedro no quería hacer la tarea, su padre le dijo que el que mal anda mal acaba.

____

6. "Zapatero, a tus zapatos" le dijeron al bailarín cuando se puso a cantar.

____

7. Pedro es un gran vendedor, pero perdió algunos clientes. Al mejor cazador se le escapa la liebre.

____

Hiatos con acento ortográfico

¡Yo podría hacerlo!
Ortografía: Hiatos con acento ortográfico

Palabras básicas Completa el crucigrama escribiendo las Palabras básicas de cada pista.

horizontal

3. existiría
4. lugar donde se hace el pan
7. lo que dura 24 horas
9. conjunto de dos personas
10. pasaban la vista por un texto
11. se alimentaba

vertical

1. desanimado
2. persona vanidosa
5. emperador francés
6. cualidad de mayor
8. relativo al aire

Palabras de ortografía

1. día
2. mayoría
3. sería
4. creían
5. país
6. decaído
7. leían
8. freír
9. sonreíd
10. tráela
11. Napoleón
12. aéreo
13. creído
14. actúe
15. acentúe
16. Raúl
17. dúo
18. corría
19. comía
20. panadería

Palabras avanzadas

desposeído
galeón
oceánico
reúne
paracaídas

Nombre ________________________ Fecha ____________

¡Yo podría hacerlo!
Ortografía: Hiatos con acento ortográfico

Clasificar palabras de ortografía

Escribe cada Palabra básica junto a la descripción correcta.

palabras con *ía, aí, aé, aú, éa*	**Palabras básicas:** **Palabras avanzadas:** **Palabras posibles:**
palabras con *eí, eó, ué, uó, eú*	**Palabras básicas:** **Palabras avanzadas:** **Palabras posibles:**

Palabras avanzadas **Agrega las Palabras avanzadas en tu tabla para clasificar palabras.**

Conectar con la lectura **Vuelve a revisar *¡Yo podría hacerlo!*. Encuentra 11 palabras con *ía, úa, úo, ío* y clasifícalas en la tabla de arriba.**

Palabras de ortografía

1. día
2. mayoría
3. sería
4. creían
5. país
6. decaído
7. leían
8. freír
9. sonreíd
10. tráela
11. Napoleón
12. aéreo
13. creído
14. actúe
15. acentúe
16. Raúl
17. dúo
18. corría
19. comía
20. panadería

Palabras avanzadas

desposeído
galeón
oceánico
reúne
paracaídas

Nombre ______________________ Fecha ____________

Revisión de ortografía

¡Yo podría hacerlo!
Ortografía: Hiatos con acento ortográfico

Encuentra todas las palabras mal escritas y enciérralas en un círculo. Escríbelas correctamente en las líneas de abajo.

Jane y Becky tenían nueve años cuando su papá y su mamá, ambos maestros, decidieron que la familia se mudaría a un nuevo pais, Kenia, ya que creian que seria una buena experiencia para todos. Vivían en una aldea alejada de la ciudad, donde los padres de las mellizas enseñaban en la escuela local y, en su tiempo libre, leyían sus novelas favoritas. Para movilizarse se valían de una vieja camioneta prestada cuya batería muerta nunca nadie se preocupó de reemplazar. Resulta que la mayoria de los que tenían automóviles, una vez que las baterías perdían su energía, simplemente las desechaban y a partir de ese momento hacían arrancar los automóviles empujándolos. ¡El método era infalible y barato!

El primer dia de escuela fue una de las experiencias más memorables para Jane y Becky. Esa mañana, mientras cruzaban en la camioneta la vía del tren, vieron por primera vez en su vida cómo una jirafa corria junto con su duo de crías por la sabana. ¡Qué animales tan grandes y veloces! Las mellizas siguieron a las jirafas con la vista hasta que se perdieron detrás de unos arbustos. Quince años más tarde todavía recuerdan esa hermosa escena que quedó grabada en sus mentes para siempre.

1. ______________________
2. ______________________
3. ______________________
4. ______________________
5. ______________________
6. ______________________
7. ______________________
8. ______________________

Palabras de ortografía

1. día
2. mayoría
3. sería
4. creían
5. país
6. decaído
7. leían
8. freír
9. sonreíd
10. tráela
11. Napoleón
12. aéreo
13. creído
14. actúe
15. acentúe
16. Raúl
17. dúo
18. corría
19. comía
20. panadería

Palabras avanzadas

desposeído
galeón
oceánico
reúne
paracaídas

Nombre ____________________ Fecha ____________

Adverbios negativos

Una palabra es **negativa** si da el significado "no" a una oración.
Los **adverbios** *no, nunca, jamás* y *tampoco* son negativos.
positivo
Ema sabe cocinar arroz.
negativo
Ema no sabe cocinar arroz.

Pregunta para reflexionar
¿Qué le hace la palabra no *al verbo y a la oración?*

Vuelve a escribir las oraciones en forma negativa sobre la línea.

1. Hoy hay muchos sombreros azules en la vidriera.
   ____
2. Este sombrero tiene un lazo. ____________________
3. El sombrero de vaquero también es de cuero.
   ____
4. Hoy vinieron muchos clientes. ____________________
5. La costurera encontró la aguja que había perdido.
   ____
6. Ese sombrero siempre estuvo de moda.
   ____
7. La señora Kelly compró el sombrero estampado.
   ____
8. Esther tiene el sombrero más grande de la clase.
   ____

Los pronombres indefinidos negativos

Los pronombres *nadie, ninguno* y *ninguna* son negativos. Cuando *no* y *nunca* están delante del verbo, exigen otra palabra negativa en el predicado. En esos casos, la oración tiene dos palabras negativas. Si la palabra negativa está en el sujeto, no hay que usar otra palabra negativa.

positivo
Entiendo las opiniones de los candidatos.
negativo
Nadie entiende las opiniones de los candidatos.
No entiendo ninguna de las opiniones de los candidatos.

Pregunta para reflexionar
¿Qué palabras forman la negación en la oración?

1 a 6. Usa un pronombre negativo para convertir la oración positiva en negativa. Escribe la oración negativa sobre la línea.

1. Cualquiera del quinto grado puede postularse para presidente de la clase.

____

2. Los dos candidatos a presidente de la clase son mis amigos.

____

3. Tomás le ha preguntado a Rogelio si quiere ser vicepresidente.

____

4. A Myung-Yung le gusta ayudar a hacer carteles de campaña.

____

5. Todo el mundo está entusiasmado con las elecciones de la escuela este año.

____

6. El presidente de la clase se ocupará de todos los problemas que afectan a los estudiantes.

____

____

Nombre ______________________ Fecha __________

La doble negación

Cuando *no* y *nunca* están delante del verbo, exigen otra palabra negativa en el predicado. En esos casos, la oración tiene dos palabras negativas. Esa construcción se llama **doble negación.**

doble negación

Mi madre no le dijo a nadie por quién votó.

Pregunta para reflexionar
¿Qué palabras forman la doble negación en esta oración?

1 a 8. Escribe la palabra correcta que se muestra entre paréntesis para completar la oración.

1. No hay (ningún, algún) candidato presidencial que mis padres apoyen totalmente. __________
2. El candidato no ha dicho (algo, nada) acerca de los problemas importantes. __________
3. Él no apoya (alguna, ninguna) de las leyes para proteger el medio ambiente. __________
4. No votes a (nadie, alguien) sin conocer sus ideas políticas. __________
5. ¿No hay (nadie, alguien) que esté de acuerdo con las ideas del político? __________
6. No hay (siempre, nunca) un lugar donde pueda conseguir mejor información acerca de los candidatos. __________
7. Los votantes no tienen (alguna, ninguna) otra opción que apoyar la nueva ley. __________
8. Este candidato no ha sido honesto (siempre, nunca) con los votantes. __________

Nombre ______________________ Fecha ____________

¡Yo podría hacerlo!
Gramática:
Repaso frecuente

Pronombres y adverbios relativos

Las palabras *quien, cuyo, a quien, de quien, de, con* y *que* pueden usarse para comenzar cláusulas que expliquen *cuál* y *de qué clase*. Otras cláusulas explican *dónde, cuándo* y *por qué*.

Cláusula que explica qué clase de niña era Esther:
Esther era una niña inteligente **que quería hacer todo lo que pudiera.**
Oración que explica por qué Esther quería hacer cosas.
Cuando los adultos decían: "Niñas, no hagan eso", Esther deseaba aún más hacer eso.

1 a 4. Subraya la oración que explique cuál o de qué clase. Encierra en un círculo la palabra con la que comienza la cláusula.

1. Esther nació en una familia donde había once hijos.
2. ¿Por qué Esther era diferente? Porque era una niña que tenía ganas de aprender.
3. De joven, Esther tenía un negocio de sombreros que fue muy exitoso.
4. El voto femenino fue una idea cuyo tiempo había llegado.

5 a 6. Subraya la oración que explique dónde, cuándo o por qué. Encierra en un círculo la palabra con la que comienza la cláusula.

5. En 1869, cuando tenía 65 años, Esther y sus dos hijos se mudaron al Territorio de Wyoming.
6. En la ciudad de la fiebre del oro donde se establecieron, había muchos hombres y pocas mujeres.

Nombre ______________________ Fecha ____________

¡Yo podría hacerlo!
Gramática:
Conectar con la escritura

Convenciones

Cuando corriges, te aseguras de haber usado correctamente las palabras negativas.

incorrecto con marcas de corrección

Aprender a coser ~~nunca~~ no fue ^nunca difícil para Esther.

correcto

Aprender a coser no fue nunca difícil para Esther.

1 a 6 Corrige el uso de la negación en cada oración. Escribe la oración correctamente en la línea de abajo.

1. A Esther le no gusta ese diseño de vestido.

____

2. Esther nunca había cosido algo hasta que cumplió los ocho años.

____

3. Esther encontraba no la tela de seda del vestido de la Srta. Kelly.

____

4. Tomará nada de tiempo hacer esos pantalones.

____

5. Todos en la ciudad no van a un taller que no sea el de Esther.

____

6. Las costuras de esta camisa están no bien hechas.

____

Nombre _______________ Fecha _______

¡Yo podría hacerlo!
Escritura: Escritura informativa

Punto de enfoque: Fluidez de las oraciones

Usar palabras de transición

Oraciones de causa y efecto	Transición agregada
Cuando Esther era niña, sólo los hombres podían votar. Su mamá no podía votar en las elecciones.	Cuando Esther era niña, sólo los hombres podían votar. Por lo tanto, su mamá no podía votar en las elecciones.

A. Lee cada par de oraciones. Une las oraciones con una palabra o frase de transición de causa y efecto.

Oraciones de causa y efecto	Transición agregada
1. Esther hacía ropa muy bonita. Las mujeres le pagaban para que les hiciera la ropa.	Esther hacía ropa muy bonita. __________ las mujeres le pagaban para que les hiciera la ropa.
2. Esther oyó a Susan B. Anthony hablar en defensa de los derechos de la mujer. Ella también quiso unirse a la lucha para que las mujeres lograran el derecho al voto.	Esther oyó a Susan B. Anthony hablar en defensa de los derechos de la mujer. __________ ella también quiso unirse a la lucha para que las mujeres lograran el derecho al voto.

B. Lee cada par de oraciones. Une las oraciones con una palabra o frase de transición.

En parejas/Para compartir **Trabaja junto con un compañero para generar palabras o frases de transición que hagan las oraciones más fluidas.**

Oraciones de causa y efecto	Transición agregada
3. A Esther le gustaba ser independiente. Pintó el letrero de su tienda de sombreros.	
4. La gente creía que Esther era muy joven para tener un negocio. Les escandalizó verla abrir una tienda de sombreros.	

Nombre ______________________ Fecha ____________

El árbol eterno: Vida y momentos de una secuoya roja
Lectura independiente

El árbol eterno: Vida y momentos de una secuoya roja

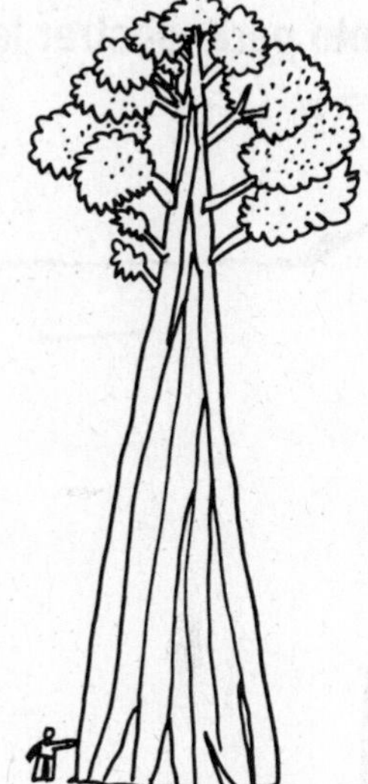

Dibuja la idea

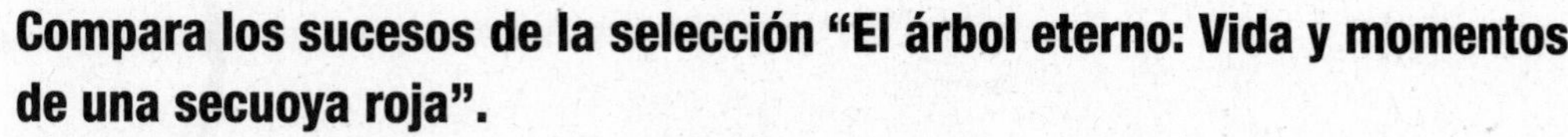

Compara los sucesos de la selección "El árbol eterno: Vida y momentos de una secuoya roja".

Ve a la página 687. Lee el párrafo marcado con el ícono de Alejandro Magno. ¿De qué se trata principalmente el párrafo? ¿Cómo te ayuda el mapa a entender el texto?

____

____

Lee el siguiente párrafo de la página 687, marcado con el ícono del árbol de secuoya. ¿De qué se trata principalmente el párrafo? ¿Qué muestran las capas del árbol?

____

____

¿En qué se parecen las ideas principales de cada sección?

____

____

¿Por qué crees que el autor estructuró el texto de esta forma poniendo estas ideas juntas?

____

____

Nombre ______________________________ Fecha ______________

Vuelve a leer la página 688. ¿En qué se parecen las ideas de las dos secciones? Dibuja la Gran Muralla de China. Escribe al menos un pie de foto para mostrar la idea que se comparte entre las secciones.

Nombre ______________________ Fecha __________

Prefijos *pre-*, *inter-*, *ex-*

precaución	exclamar	intercontinental	precalentar
interactivos	exterior	preliminares	intercambio

Cada oración incluye una palabra entre paréntesis con el prefijo *pre-*, *inter-* o *ex-*. Usa las palabras entre paréntesis y tus propias palabras para completar las oraciones.

1. (precaución) Abrochar tu cinturón de seguridad es

   ____

2. (interactivos) Cuando estás con un amigo, es mejor

   ____

3. (exclamar) Cuando ella vea la nueva película de horror,

   ____

4. (exterior) Es importante que mantengas en buenas condiciones

   ____

5. (intercontinental) La familia viajó desde Europa hasta América del Sur

   ____

6. (preliminares) Para llegar al juego del campeonato

   ____

7. (precalentar) Antes de cocinar el pastel

   ____

8. (intercambio) En el verano puedes ir

   ____

Nombre ______________________ Fecha ____________

Acento ortográfico y palabras esdrújulas

Palabras básicas 1 a 10. Escribe la Palabra básica que describe cada oración.

1. Lo rescató.
____
2. Se puso blanco del susto.
____
3. Allí guardamos las fotos.
____
4. Es la parte superior de un volcán.
____
5. Es el opuesto de "antes".
____
6. Es el opuesto de "difícil".
____
7. Nunca.
____
8. Lo uso para que el chocolate caliente sepa más dulce.
____
9. Hay que regarlo para que no se seque.
____
10. Muchos escultores lo usan para esculpir sus obras de arte.
____

Palabras de ortografía

1. después
2. través
3. árboles
4. asomó
5. había
6. salvó
7. siguió
8. cordón
9. jamás
10. atención
11. también
12. azúcar
13. álbum
14. cráter
15. mármol
16. cántico
17. césped
18. fácil
19. pálido
20. cántaro

Palabras avanzadas

inmóvil
biología
ademán
mástil
célula

Palabras avanzadas 11 a 14. Eres un biólogo destacado. En una hoja aparte, cuéntale a un amigo sobre tus últimas investigaciones. Usa cuatro Palabras avanzadas.

Nombre ______________________ Fecha ____________

El árbol eterno
Ortografía:
Acento ortográfico y palabras esdrújulas

Clasificar palabras de ortografía

Escribe las Palabras básicas al lado del título correcto.

Palabras que terminan en vocal	**Palabras básicas:** **Palabras avanzadas:** **Palabras posibles:**
Palabras que no terminan en vocal	**Palabras básicas:** **Palabras avanzadas:** **Palabras posibles:**

Palabras avanzadas Agrega las Palabras avanzadas a tu tabla de Clasificación.

Conectar con la lectura Vuelve a revisar *El árbol eterno*. Encuentra 11 palabras con acento escrito. Escríbelas en la tabla de arriba.

Palabras de ortografía

1. después
2. través
3. árboles
4. asomó
5. había
6. salvó
7. siguió
8. cordón
9. jamás
10. atención
11. también
12. azúcar
13. álbum
14. cráter
15. mármol
16. cántico
17. césped
18. fácil
19. pálido
20. cántaro

Palabras avanzadas

inmóvil
biología
ademán
mástil
célula

Nombre ______________________ Fecha ____________

El árbol eterno
Ortografía:
Acento ortográfico y palabras esdrújulas

Revisión de ortografía

Encuentra las palabras mal escritas y enciérralas en un círculo. Escríbelas correctamente en las líneas de abajo.

En 1903, el coronel Charles Young tuvo que decir adiós a su familia y amigos en San Francisco. El ejército de Estados Unidos le dijo: "Usted irá a Sequoia National Park". Así que despúes de comprar todo lo que iba a necesitar, salió con sus tropas a caballo y viajaron durante 16 días. Para entretenerse a travéz del camino, cada hombre cantaba una canción. Por fin llegaron al Sequoia National Park. Los arbóles eran realmente altos. Día tras día, el coronel Young repitió la misma tarea, siguío viajando sin descansar jamas y, finalmente, él y sus hombres lograron su meta. Habiá logrado algo que no fue facíl de hacer. Hicieron un camino al parque para que todas las demás personas lo pudieran disfrutar. Charles Young, coronel del ejército y tambíen el primer superintendente afroamericano de un parque nacional, declaró que su trabajo fue todo un éxito.

1. ______________________
2. ______________________
3. ______________________
4. ______________________
5. ______________________
6. ______________________
7. ______________________
8. ______________________

Palabras de ortografía

1. después
2. través
3. árboles
4. asomó
5. había
6. salvó
7. siguió
8. cordón
9. jamás
10. atención
11. también
12. azúcar
13. álbum
14. cráter
15. mármol
16. cántico
17. césped
18. fácil
19. pálido
20. cántaro

Palabras avanzadas

inmóvil
biología
ademán
mástil
célula

Nombre ______________________________ Fecha ____________

La puntuación según la clase de oración

Las distintas clases de oraciones tienen distintos signos de puntuación.

Clase de oración	Signos de puntuación	Ejemplo
enunciativa o imperativa	punto final (.)	Mira ese árbol. Tiene más de 500 años.
interrogativa	signos de interrogación (¿?)	¿Plantaste un árbol alguna vez?
exclamativa	signos de exclamación (¡!)	¡Qué vida extraordinaria!

1 a 7. Escribe los signos de puntuación adecuados en cada oración.

1. Muchos animales viven dentro de los árboles o sobre ellos ____
2. ____ Dañan los árboles que son su hogar ____
3. Por lo general, no lo hacen ____
4. Sin embargo, algunas plagas de insectos pueden matar a un árbol ____
5. ____ Qué salto espectacular dio esa ardilla ____
6. Mira la rama de arriba de ese árbol ____
7. ____ Es un nido de ardilla lo que veo allí ____

Vuelve a escribir las oraciones en las líneas. Escribe las letras mayúsculas y los signos de puntuación correctos.

hoy nuestra clase va a plantar árboles en el parque quieres ayudarnos trae una pala estamos entusiasmados con el proyecto

____

____

____

Nombre ______________________ Fecha __________

Las comillas y el guión de diálogo

Las **comillas** encierran las palabras exactas de una persona. El **guión de diálogo** indica las palabras exactas de cada personaje y los comentarios del narrador en un diálogo.

palabras exactas

Ángela exclamó: "¡Qué árbol grande!".

palabras exactas y comentarios del narrador

—La secuoya es un árbol excepcional —concordó José.

—¿Crees que podemos treparnos a él? —preguntó Ángela.

Preguntas para reflexionar
¿Se trata de las palabras exactas de una persona? ¿Se trata de un diálogo entre personajes?

1 a 3. Vuelve a escribir las oraciones con guiones de diálogo.

1. por qué no buscamos algo de comer dijo el pájaro

   ____

2. puedes ver algunas nueces le preguntó la ardilla

   ____

3. a mí me gustan los gusanos dijo el pájaro carpintero

   ____

4 y 5. Vuelve a escribir las oraciones con comillas.

4. la ardilla exclamó qué horrible

   ____

5. Pero la mayoría de las aves comen gusanos e insectos dijo el pájaro.

   ____

Usar la puntuación para producir un efecto

Los signos de puntuación pueden producir efectos diferentes.

Puntos suspensivos	Para indicar temor, duda, suspenso	De pronto hizo frío y un viento embravecido arrancó las ramas… ¿Qué pasaría?
Signos de exclamación (¡!)	Para indicar sorpresa, alegría, enojo	¡Un enorme relámpago iluminó el bosque!
Guión de diálogo (—)	Para indicar las palabras exactas de cada personaje y los comentarios del narrador	—Un rayo golpeó un pino —dijo Simón.
Dos puntos, comillas	Para indicar las palabras exactas de una persona	Sara dijo: "Nunca había visto algo parecido".
Dos puntos	Para introducir una enumeración, aclaración o cita textual	Llovió durante casi toda la semana: lunes, martes, miércoles, jueves y viernes.

1 a 4. Lee las oraciones. Vuelve a escribirlas con los signos de puntuación apropiados en las líneas. Usa mayúsculas en la primera palabra de cada oración.

1. vamos a un bosque de secuoyas dijo Mario

____

2. Guau mira el tamaño de esas criaturas

____

3. Quieren conducir a través del oscuro bosque me da temor

____

4. De repente José gritó viene un oso corre

____

Nombre ______________________ Fecha __________

Adjetivos y pronombres posesivos

Los **adjetivos posesivos** se usan seguidos de aquello que se posee y concuerdan en género y en número con los sustantivos a los que modifican. Los **pronombres posesivos** se usan en lugar de una palabra o frase y se usan solos. Se puede usar la preposición *de* seguida de la persona que posee algo.

adjetivo posesivo	**Su** árbol gigante es una secuoya.
preposición + sustantivo	Los árboles **de los bosques** producen pequeñas semillas.
pronombre posesivo	Pedro se enojó porque los árboles que talaron eran **suyos**.

1 a 5. Completa cada oración con el adjetivo posesivo, pronombre posesivo o la preposición *de* seguida de quién posee entre paréntesis.

1. El árbol pequeño esparce (de, suyas, sus) ________ semillas.
2. Durante muchos (de sus, suyos, sus) ______ años de vida, el árbol permaneció pequeño.
3. Este es el árbol más alto (de, suyas, sus) ______ este bosque.
4. Las ardillas guardan en el árbol las nueces que son (de sus, suyas, sus) ______ .
5. El pino y (de sus, suyas, sus) _______ agujas adornan el bosque.

Nombre ______________________ Fecha ____________

Convenciones

Usa comillas para indicar las palabras exactas de una persona. Usa guión de diálogo para indicar las palabras exactas de cada personaje y los comentarios del narrador en un diálogo.

—¿Has visto mi libro? —preguntó José.

—Lo vi—dijo papá—, lo vi en el auto.

José recordó: "Es verdad. Lo llevé al campamento el fin de semana pasado".

Vuelve a escribir las oraciones para agregar letras mayúsculas, comillas y otros signos de puntuación que falten. Usa puntos suspensivos (...) y signos de exclamación (¡!) para producir efecto donde sea necesario.

1. tienes muchos árboles grandes en tu jardín dijo Alfredo

   ____

2. marla contestó sí y disfrutamos de la sombra que nos dan

   ____

3. sabías preguntó Marla que los árboles producen oxígeno

   ____

4. guau mira el pájaro carpintero de cabeza roja exclamó Alfredo

   ____

Nombre ______________________________ Fecha ____________

Punto de enfoque: Organización

El árbol eterno
Escritura: Escritura informativa

Escribir párrafos

Un párrafo está formado por oraciones sobre un tema. Los escritores organizan sus ideas o instrucciones para que estas sean claras para los lectores. Por ejemplo, si escribes instrucciones, debes poner los pasos en el orden en que deben llevarse a cabo. Usa palabras de transición, como *primero* y *luego*, para mostrar los pasos de la secuencia.

Hacer unas ricas torrejas para el desayuno es muy fácil. **Primero**, debes mezclar dos huevos con media taza de leche. **Luego**, debes introducir las rodajas de pan dentro de la mezcla y embeber ambos lados. **Por último**, espovoréalas con canela. Pídele a un adulto que las fría en aceite caliente hasta que se vuelvan color café.

Lee las siguientes oraciones y tacha las que no corresponden. Enumera los pasos en orden. Luego, escribe las oraciones en un párrafo en una hoja aparte. Usa palabras como *primero, luego,* y *por último*.

Cómo plantar un árbol

_____ Extiende las raíces del árbol hacia los costados y hacia abajo, y mantén la parte superior de la raíz al mismo nivel de la parte superior del hoyo.

_____ Cava un hoyo lo suficientemente grande para que entren las raíces por completo.

_____ Riega las raíces y cubre la base con mantillo.

_____ Mientras sostienes el árbol, llena el hoyo con tierra y apisona con tus pies alrededor de las raíces.

_____ Generalmente, los árboles a raíz desnuda deben plantarse en los meses de invierno.

Nombre ______________________________ Fecha ____________

Guía del lector

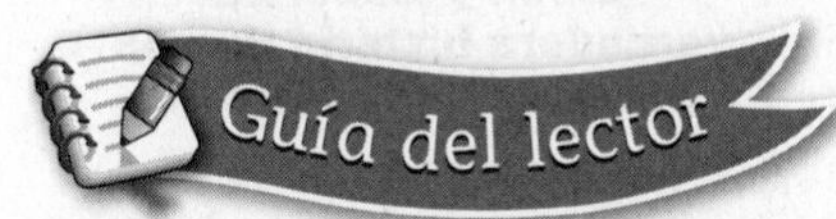

Owen y Mzee: La verdadera historia de una extraordinaria amistad

Viaje al parque Haller

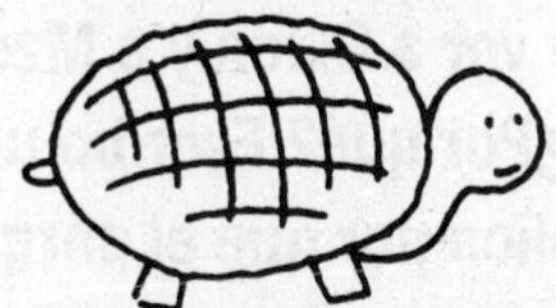

Eres un científico que visita el parque Haller para saber más sobre hipopótamos y tortugas. Examina las siguientes páginas: 720 (para saber dónde vive Owen), 722 (para descubrir qué comen los animales y cómo se comportan), 724 (para hechos sobre tortugas e hipopótamos).

Teniendo en cuenta lo que leíste, escribe notas de campo acerca de tus observaciones. Recuerda que eres un científico, así que debes concentrarte en los hechos. ¿Qué puedes observar?

Nombre ______________________ Fecha __________

Prestaste atención a los hechos. ¿Cuál es tu opinión? Tus amigos no están seguros de si quieren hacer el largo viaje hasta el parque Haller para ver a Owen y a Mzee. ¿Deberían ir de visita? ¿Por qué? Escribe una postal a un amigo. Explica por qué el parque Haller es, o no, un lugar excelente para visitar.

Nombre ______________________ Fecha __________

Sufijo *-mente*

obviamente	frecuentemente	ordenadamente	maravillosamente
aparentemente	naturalmente	amablemente	incansablemente

1 a 8. Completa cada oración con una de las palabras del recuadro.

1. En lugares muy fríos, como Alaska, nieva ______________.
2. Este año, ______________, el invierno será más frío.
3. Hoy va a llover, ______________ debo llevar mi paraguas.
4. El perro y el gato de Laura se llevan ______________ bien.
5. Los pájaros trabajan ______________ construyendo su nido.
6. Carlos les ofreció ______________ sus crayolas a sus compañeros.
7. Los libros están colocados ______________ en el estante blanco.
8. Ese león es ______________ tranquilo.

Nombre ______________________ Fecha ____________

Palabras con diéresis

Palabras básicas 1 a 10. Escribe las Palabras básicas que correspondan a cada definición.

1. habla dos lenguas ______________
2. ave del Polo Sur ______________
3. timidez ______________
4. persona que nació en Nicaragua ______________
5. conducto de salida del agua ______________
6. ave zancuda que anida en las torres ______________
7. persona que fabrica y vende paraguas ______________
8. persona que nació en Managua ______________
9. hembra joven del caballo ______________
10. busquemos la verdad ______________

Palabras avanzadas 11 a 15. En una hoja aparte, escribe a un amigo un correo electrónico contándole sobre una visita reciente al zoológico. Usa las cinco Palabras avanzadas.

Palabras de ortografía

1. vergüenza
2. bilingüe
3. cigüeña
4. desagüe
5. antigüedad
6. nicaragüense
7. managüense
8. averigüemos
9. paragüero
10. agüita
11. pingüino
12. lengüeta
13. lingüística
14. enagüita
15. yegüita

Palabras avanzadas

exangüe
halagüeño
argüir
pedigüeño
pingüe

Nombre ______________________ Fecha ____________

Clasificar palabras de ortografía

Escribe las Palabras básicas al lado del título correcto.

Palabras con *güe*	**Palabras básicas:** **Palabras avanzadas:**
Palabras con *güi*	**Palabras básicas:** **Palabras avanzadas:**

Palabras avanzadas **Agrega las Palabras avanzadas a tu tabla de Clasificación.**

Palabras de ortografía

1. vergüenza
2. bilingüe
3. cigüeña
4. desagüe
5. antigüedad
6. nicaragüense
7. managüense
8. averigüemos
9. paragüero
10. agüita
11. pingüino
12. lengüeta
13. lingüística
14. enagüita
15. yegüita

Palabras avanzadas

exangüe
halagüeño
argüir
pedigüeño
pingüe

Revisión de ortografía

Encuentra las palabras mal escritas y enciérralas en un círculo. Escríbelas correctamente en las líneas de abajo.

Ayer fui al zoológico con mi tío Carlos. Un grupo de turistas italianos recorría muy interesado la zona de los leones y los tigres. Iban acompañados por un guía bilingue que les contaba anécdotas muy interesantes sobre los felinos.

A mi tío le llamó la atención un pinguino que se bañaba en un desague roto y que sacaba la lengua para beber aguita. También se detuvo a mirar una yeguita que se daba un pingue festín de vegetales. En lo alto de un pino, descubrí una cigueña que nos observaba con atención.

Como es verano y estábamos bajo el inclemente sol, mi tío le compró dos sombrillas al paraguero, para que no nos insoláramos. Continuamos caminando cuando, de repente, se oyó el chillido de una lechuza. Uno de los turistas se asustó y dijo que eso podía ser un mal agüero. Pudimos arguir que ese hombre era muy supersticioso y no le hicimos caso. El turista sintió verguenza por su comentario y se disculpó. El guía nos aconsejó a todos que averiguemos el origen de esa superstición sin sentido.

Al caer la tarde, mi tío y yo regresamos muy satisfechos de nuestra visita al zoológico.

1. ______________ 7. ______________
2. ______________ 8. ______________
3. ______________ 9. ______________
4. ______________ 10. ______________
5. ______________ 11. ______________
6. ______________

Palabras de ortografía

1. vergüenza
2. bilingüe
3. cigüeña
4. desagüe
5. antigüedad
6. nicaragüense
7. managüense
8. averigüemos
9. paragüero
10. agüita
11. pingüino
12. lengüeta
13. lingüística
14. enagüita
15. yegüita

Palabras avanzadas

exangüe
halagüeño
argüir
pedigüeño
pingüe

Nombre _______________________ Fecha ___________

Las comas con palabras introductorias y nombres

Cuando escribas, usa una **coma** después de una palabra o frase introductoria en una oración, como *sí, no* y *bueno*. Usa una o dos **comas** para separar el nombre de una persona a la que uno se dirige.

Yolanda, ¿puedes hablarme acerca de la tortuga gigante?
Bueno, la tortuga gigante se alimenta tanto de plantas como de animales.
Me pregunto, señor Scorzo, si la tortuga gigante se parece a la tortuga galápago.

Preguntas para reflexionar
¿La oración tiene una palabra introductoria o el nombre de la persona a la que se dirige? ¿Tiene la frase palabras que indiquen quién está hablando?

1 a 5. Escribe las oraciones correctamente. Añade comas donde sea necesario.

1. Sí las tortugas gigantes duermen dentro de sus caparazones.

____

2. Rolando ¿alguna vez has tocado una tortuga?

____

3. No temo que me muerda.

____

4. Estos animales no pueden caminar rápido Brenda aunque sus patas son resistentes.

____

____

5. Bueno sus patas deben sostener los pesados caparazones.

____

____

Las comas en oraciones compuestas y complejas

En las oraciones **compuestas y complejas**, se usa **coma** delante de las conjunciones *pero* y *aunque*. Recuerda que no se usa coma delante de las otras conjunciones.

oración compuesta

Los hipopótamos viven en lagos y ríos, pero andan por tierra todos los días.

oración compleja

En el zoológico hay hipopótamos bebé, aunque no son muchos.

Preguntas para reflexionar

¿Cuál de las palabras es una conjunción? ¿Dónde se coloca la coma en la oración?

1 a 3. Une los pares de oraciones con la conjunción entre paréntesis ( ). Coloca o no una coma según corresponda.

1. Los hipopótamos pastan durante horas por las tardes. Les encanta estar en el agua. (pero)

____

____

2. Los hipopótamos pueden correr muy rápido. Son muy pesados. (aunque)

____

____

3. Los hipopótamos no sudan. Se mantienen frescos con el lodo y el agua. (pero)

____

____

Nombre ______________________ Fecha ____________

Las comas en enumeraciones

Usa **comas** para separar las palabras de una **enumeración**. Recuerda que no se usa coma entre los dos últimos elementos si están unidos por la conjunción *y*.

Vimos tortugas, hipopótamos y pájaros.
En el zoológico hay lobos marinos, nutrias marinas, focas y elefantes marinos.

Pregunta para reflexionar
¿Cómo se usan las comas para separar palabras en una enumeración?

1 a 4. Añade comas donde sea necesario. Escribe la oración correctamente en la línea.

1. Debo entregar el informe las evaluaciones y otras observaciones sobre el santuario marino el 12 de diciembre de 2014.

____

____

2. No se permite el ingreso al santuario a las personas que perforan descargan o desentierran cosas del fondo del mar.

____

____

3. El santuario las oficinas principales y algunos centros de atención al cliente están en California.

____

____

4. Una capa de grasa una espesa cubierta de pelo y el calor del sol es todo lo que necesitan los mamíferos para mantenerse calientes.

____

____

Pronombres y adverbios relativos

Una **cláusula dependiente** posee un sujeto y un verbo pero no puede existir por sí misma porque no es una oración completa. Una **cláusula independiente** puede existir por sí misma porque es una oración completa. Una cláusula dependiente puede estar introducida por un pronombre relativo, como *que, quien, el/la cual* o *cuyo,* o bien por un adverbio relativo, como *donde* o *cuando*.

Cláusula dependiente introducida por un pronombre relativo

Un hipopótamo es un feroz luchador **que** protege a sus crías.

Cláusula dependiente introducida por un adverbio relativo

La madre ataca **cuando** su bebé es atacado.

1 a 8. Subraya la cláusula dependiente de cada oración. Encierra en un círculo el adverbio o pronombre relativo que introduce la cláusula.

1. Muchos hipopótamos perdieron la vida cuando se desencadenó un tsunami en la costa africana.
2. El único hipopótamo que sobrevivió fue un bebé de seiscientas libras llamado Owen.
3. Owen necesitaba con urgencia una madre en quien pudiera confiar.
4. Los rescatistas no sabían el lugar donde debían llevar a Owen.
5. El Parque Haller fue el santuario animal donde djeron refugio a Owen.
6. La tortuga gigante Mzee al principio pensó que Owen debía dejarlo tranquilo.
7. Pronto los dos se hicieron amigos a quienes nadie podía separar.
8. Nadie sabe qué pasó con Owen y Mzee cuya amistad hoy es indestructible.

Nombre ______________________________ Fecha ______________

Lección 24
CUADERNO DEL LECTOR

Owen y Mzee
Gramática:
Conectar con la escritura

Fluidez de las oraciones

Corregir te ayuda a asegurarte de haber usado las comas correctamente en tu escritura. Usar comas hace que lo que escribas sea claro y fácil de entender.

Incorrecto con marcas de corrección

Mark: Sabes, papá ‸, la población de hipopótamos en África ha disminuido tremendamente.

Papá: Ese es un problema serio ‸, Mark.

Correcto

Mark: Sabes, papá, la población de hipopótamos en África ha disminuido tremendamente.

Papá: Ese es un problema serio, Mark.

Actividad **A esta sección de un guión le faltan 15 comas. Agrega una o más comas a cada renglón del guión.**

Mark: Sí estoy de acuerdo. ¿Sabías papá que de todas las amenazas de los hipopótamos el ser humano es la principal?

Papá: No no lo sabía.

Mark: Bueno es verdad. Matan a los hipopótamos por su grasa por sus dientes de marfil y porque comen mucha hierba.

Papá: ¿Se está haciendo algo para salvar a los hipopótamos Mark?

Mark: Sí algunas de las zonas donde viven los hipopótamos están protegidas.

Papá: Bien eso tiene sentido. Creo Mark que también nosotros deberíamos hacer algo para salvar a los hipopótamos.

Mark: ¡Qué idea estupenda papá! ¡Adoptemos un hipopótamo!

Papá: No eso no. ¿Estabas bromeando no?

Nombre ____________________ Fecha __________

Punto de enfoque: Ideas

Encontrar la mejor información

Fuente	Información
Enciclopedia	Artículos sobre muchos temas distintos
Atlas	Mapas de lugares de todo el mundo
Internet	Páginas web de organizaciones, así como materiales de referencia electrónicos
Entrevistas a un experto	Información única
Artículos de periódicos y revistas	Información al día de diversos temas
Libros de no ficción	Datos sobre personas, lugares y cosas reales

1 a 3. Contesta las siguientes preguntas sobre las fuentes donde se podría encontrar la mejor información.

1. Maggie investiga las tortugas. Quiere contestar la pregunta: *¿Dónde viven las tortugas?*
   - **a.** ¿Qué fuente podría usar Maggie? ____________
   - **b.** ¿Qué otra pregunta podría responder con esta fuente?

     ____

2. Luis investiga cómo se dirigen y administran los zoológicos. Quiere contestar esta pregunta: *¿Cuántas personas trabajan en el zoológico de mi ciudad?*
   - **a.** ¿Qué fuente podría utilizar Luis? ____________
   - **b.** ¿Qué otra pregunta podría responder con esta fuente?

     ____

3. Nina hace una investigación sobre Kenia. Quiere contestar esta pregunta: *¿Cuál es el océano más cercano a Kenia?*
   - **a.** ¿Qué fuente podría utilizar Nina? ____________
   - **b.** ¿Qué otra pregunta podría responder con esta fuente?

     ____

Nombre ______________________ Fecha ____________

Cuánto se divertían

¡Quiero un maestro de verdad!

Margie quisiera intentar aprender de la manera tradicional, con un maestro de verdad. Ella está escribiendo un correo electrónico al inspector para intentar convencerlo de dejar de usar el maestro electrónico. Pero Margie entiende que debe usar un lenguaje con el que el inspector esté cómodo.

Presta atención al modo en que el inspector habla en la página 749. Ayuda a Margie a terminar su correo electrónico usando el lenguaje formal que usa el inspector.

Mensaje nuevo

Para: **Inspector**

De: **Margie**

Asunto: **Reemplazar al maestro electrónico**

Estimado inspector:

Escribo para sugerir que saque el maestro electrónico de mi casa y me permita aprender con un maestro humano en su lugar.

____

____

____

____

____

Cordialmente,

Margie

Nombre ______________________ Fecha __________

Cuánto se divertían
Lectura independiente

A Margie le gustaría que Tommy tomara las clases con un maestro humano junto con ella. Le envía un correo electrónico para pedirle que la ayude a cambiar a un maestro humano.

Presta atención al modo en que Margie y Tommy hablan entre ellos en la página 750. Ayuda a Margie a terminar su correo electrónico con el lenguaje informal que ellos usan.

Mensaje nuevo

Para: **Tommy**

De: **Margie**

Asunto: **Reemplazar al maestro electrónico**

Hola, Tommy:

Tengo una idea y tú puedes ayudarme. ¡Nosotros podríamos deshacernos del tonto maestro electrónico y conseguir una persona de verdad para que nos enseñe!

____

____

____

____

____

____

____

Tu amiga,

Margie

Nombre _______________ Fecha _______

Raíces de palabras griegas y latinas: *metro, termo, audio, facto*

Las palabras que están en el recuadro tienen una parte que viene del latín o del griego. En griego, *termo* significa *calor* y *metro* significa *medir*. En latín, *audio* significa *escuchar* y *facto* significa *hacer*.

termómetro	barómetro	audible	manufacturar
termo	cronómetro	audiencia	factoría

1 a 8. Escribe la palabra correcta del recuadro para completar las oraciones.

1. Cuando el concierto terminó, los músicos se levantaron e hicieron una reverencia a la _______________.
2. El capitán usó un _______________ para determinar el horario de salida del barco.
3. La compañía va a _______________ y vender computadoras.
4. Verifica el _______________ afuera para ver si necesitas un suéter.
5. El Sr. Pérez hace dulces de chocolate en su _______________.
6. El pronóstico del tiempo predice que lloverá porque la lectura del _______________ muestra una gota en la presión del aire.
7. Cada mañana, mi papá llena su _______________ con café caliente.
8. La voz de Salomón fue apenas _______________ cuando todo el mundo estaba hablando.

Homófonos

Palabras básicas **Escribe las Palabras básicas que responden a las pistas para completar el crucigrama.**

Horizontal

1. forma del pasado del verbo tener
3. hermoso
5. miras
7. niño, hombre
9. forma del presente del verbo cazar
10. muy inteligente

Vertical

2. primer número
3. cosas que alguien tiene
4. lugar donde vive una familia
5. animal que da leche
6. portaequipaje
8. extremo

Palabras avanzadas **Escribe un párrafo en el que describas alguna vez en que hayas ido de campamento. Usa dos Palabras avanzadas.**

Palabras de ortografía

1. a - ah
2. casa - caza
3. hecho - echo
4. vez - ves
5. grabar - gravar
6. basto - vasto
7. bello - vello
8. bienes - vienes
9. botar - votar
10. huno - uno
11. él - el
12. sí - si
13. sé - se
14. té - te
15. dé - de
16. baca - vaca
17. barón - varón
18. cabo - cavo
19. sabia - savia
20. tubo - tuvo

Palabras avanzadas

arrollo - arroyo
as - has
asta - hasta
ato - hato
ay - hay

Nombre ______________________ Fecha __________

Clasificar palabras de ortografía

Cuánto se divertían
Ortografía: Homófonos

Homófona: Palabra que suena de igual modo que otra, pero que difiere en su significado. **Escribe cada par de Palabras básicas junto a la descripción correcta.**

Palabras que difieren en una letra	**Palabras básicas:** **Palabras avanzadas:**
Palabras que difieren por la presencia de una tilde	**Palabras básicas:**

Palabras avanzadas **Agrega las Palabras avanzadas a tu tabla de Clasificación.**

Conectar con la lectura **Vuelve a revisar *Cuánto se divertían*. Encuentra palabras homófonas y ordénalas en la tabla de arriba.**

Palabras de ortografía

1. a - ah
2. casa - caza
3. hecho - echo
4. vez - ves
5. grabar - gravar
6. basto - vasto
7. bello - vello
8. bienes - vienes
9. botar - votar
10. huno - uno
11. él - el
12. sí - si
13. sé - se
14. té - te
15. dé - de
16. baca - vaca
17. barón - varón
18. cabo - cavo
19. sabia - savia
20. tubo - tuvo

Palabras avanzadas

arrollo - arroyo
as - has
asta - hasta
ato - hato
ay - hay

Nombre ______________________ Fecha __________

Cuánto se divertían
Ortografía: Homófonos

Revisión de ortografía

Encuentra las palabras mal escritas y enciérralas en un círculo. Escríbelas correctamente en las líneas de abajo.

Cada mañana cuando abro los ojos y veo que la luz raya sobre mi ventana, se que está amaneciendo.

Hoy es un día especial. Mi papá saldrá de cacería. A lo lejos escuchaba voces que se confundían con los ladridos de los perros de casa. Eran los hombres que hablaban entre si y hacían los últimos preparativos para un arduo día de cacería. Después de unos minutos, la caza quedó en silencio. Mi mamá y yo iríamos a un día de playa mientras papá salía. Bajé a la cocina y encontré a mi madre preparando la comida que íbamos a llevar a la playa. —Hola, mami, ¿cómo té puedo ayudar?

—Ralla la zanahoria —me dijo—, mientras termino de preparar la comida. —Teníamos que apurarnos, nos esperaban dos horas de camino y queríamos aprovechar el día. Uno de mis pasatiempos favoritos cuando vamos de viaje a la playa es leer todas las vallas que ay en el camino. Hay una valla en particular que es mi favorita: tiene dos surfistas montados en una inmensa ola. Minutos después podía oler él aroma salino del aire de mar.

—¡Vaya! ¡Qué rápido llegamos! Nos esperaba un vello día.

1. ______________ 5. ______________
2. ______________ 6. ______________
3. ______________ 7. ______________
4. ______________ 8. ______________

Palabras de ortografía

1. a - ah
2. casa - caza
3. hecho - echo
4. vez - ves
5. grabar - gravar
6. basto - vasto
7. bello - vello
8. bienes - vienes
9. botar - votar
10. huno - uno
11. él - el
12. sí - si
13. sé - se
14. té - te
15. dé - de
16. baca - vaca
17. barón - varón
18. cabo - cavo
19. sabia - savia
20. tubo - tuvo

Palabras avanzadas

arrollo - arroyo
as - has
asta - hasta
ato - hato
ay - hay

El uso de las mayúsculas

Las **normas de escritura** son reglas para el uso correcto de las letras mayúsculas y los signos de puntuación. Se escriben con letra **mayúscula** inicial todos los nombres propios, como los nombres de personas y de animales; también los nombres propios geográficos (continentes, países, estados, ciudades, ríos, etc.), los nombres de los sucesos y documentos históricos, y la primera palabra del título de libros, películas, etc.

El libro se titulaba *Una pizza de Italia para Jimena y su perra Loli.*

La Constitución de Estados Unidos surge a partir de la Revolución estadounidense.

Pregunta para reflexionar
¿Cuáles de las palabras de esta oración deberían escribirse con letra mayúscula inicial?

1 a 4. Vuelve a escribir cada oración. Añade letras mayúsculas donde sea necesario.

1. El título de la película que fuimos a ver el viernes era *payasos y desfiles.*

____

____

2. la sirenita es el libro favorito de mi hermana paula.

____

____

3. El cuento de josé sobre su viaje a méxico relataba sucesos de la revolución mexicana.

____

____

4. La escuela benson obtuvo un premio a la mejor representación de la firma de la constitución de estados unidos.

____

____

Nombre _______________ Fecha _______

Los signos de puntuación

Las normas de escritura son reglas para el uso correcto de mayúsculas y **signos de puntuación**. Las oraciones terminan con punto, y los signos de interrogación y exclamación van al principio y al final de una pregunta o una exclamación.
Me gusta jugar al baloncesto.
¿Cuál fue el resultado del partido?
¡Qué partido genial!

Preguntas para reflexionar
¿Qué clase de oración es? ¿Qué signo de puntuación corresponde a cada clase de oración?

1 a 8. Vuelve a escribir cada oración con los signos de puntuación que faltan. Indica si la oración es *enunciativa, interrogativa, exclamativa* o *imperativa.*

1. Con una orden se puede hacer que el perro mecánico camine o se siente

____

2. Coloca una moneda de veinticinco centavos en la máquina

____

3. Cuántos siglos han pasado desde la Revolución estadounidense

____

4. Un inspector realizará la verificación mañana

____

5. Qué fantástica es tu ilustración

____

6. Esto es una terrible pérdida de tiempo

____

7. Cuánto has progresado en tu trabajo

____

8. Intenta no perder el autobús

____

Nombre ______________________ Fecha __________

Otros signos de puntuación

Cuánto se divertían
Gramática: Normas de escritura

La **coma** se usa después de una palabra o frase introductoria en una oración, delante de las conjunciones *pero* y *aunque*, para separar el nombre de la persona a la que uno se dirige y los elementos de una enumeración. Los **dos puntos** se usan delante de las citas y las enumeraciones, y en los encabezamientos de las cartas. Cuando los elementos de una enumeración contienen comas, se usa el **punto y coma** para separarlos; también se usa para separar cláusulas dentro de una oración.

Ejemplos:

María compró estas cosas: libros, cuadernos y útiles.

Julián canta en una orquesta; Martín se dedica a las letras.

Juan me preguntó: "¿Crees, Lucía, que Alex estará en casa?".

Preguntas para reflexionar:
¿Qué intenta decir la oración? ¿Cómo se usaron los signos de puntuación?

1 a 4. Lee las oraciones y coloca una coma donde corresponda.

1. Las computadoras son útiles pero debes aprender a usarlas primero.

____

2. Las escuelas Tomás podrían volverse innecesarias porque los niños aprenderían con máquinas.

____

____

3. De todas formas cualquier libro podría almacenarse en una computadora.

____

4. Las computadoras los libros y los maestros todos son útiles y necesarios.

____

____

Nombre ______________________ Fecha ____________

Comillas

Cuando escribas las palabras exactas de una persona, enciérralas entre comillas (“”) y usa mayúsculas en la primera palabra de la cita. Usa dos puntos para separar una frase de las palabras que indican quien está hablando. Coloca el punto final fuera de las comillas.

Tomás gritó: “¡Mira! ¡Encontré un libro de verdad!”.
Margarita preguntó: “¿Dónde diablos encontraste eso?”.
Tomás respondió: “Busqué durante muchos días”.

1 a 5. Vuelve a escribir cada cita. Añade los signos de puntuación y letras mayúsculas cuando sea necesario.

1. Las palabras de Margarita fueron mi programa de enseñanza virtual se dañó.

____

2. Tomás sugirió ¿Por qué no leemos este libro mejor?

____

3. Margarita exclamó pero es demasiado pesado.

____

4. Tomás dijo me gusta dar vuelta a las páginas.

____

5. Margarita agregó se sienten frías y crujientes.

____

Nombre ____________________ Fecha __________

Convenciones

Puntuación incorrecta	Puntuación correcta
¡Al fin! el día de la feria de ciencias por fin ha llegado y todos están emocionados. la clase del sr. jones será la primera en presentar su proyecto. nuestra clase será la última.	¡Al fin! El día de la feria de ciencias por fin ha llegado y todos están emocionados. La clase del Sr. Jones será la primera en presentar su proyecto. Nuestra clase será la última.

1 a 4. Vuelve a escribir las oraciones en la línea. Usa correctamente las mayúsculas y la puntuación.

1. no te olvides de llevar los regalos a la escuela el viernes. son para la fiesta de cumpleaños de la srta. Smiths

   ____

   ____

2. las botas de simón estaban cubiertas de lodo también estaban sucias y olían mal

   ____

   ____

3. cuidado! no te dije que la acera estaba resbaladiza? está cubierta de hielo.

   ____

   ____

4. kim escribió un cuento de miedo sobre un amigo imaginario llamado Bindi se llama la escalera secreta.

   ____

   ____

Nombre ______________________ Fecha ____________

Punto de enfoque: Elección de palabras

Usar lenguaje preciso

Oración con vocabulario general	Oración con vocabulario preciso
La pantalla de la computadora mostraba cosas y Margie puso su trabajo en una ranura.	En el monitor de la computadora destellaban comandos y Magie deslizó el disco con su tarea en una ranura reluciente.

Vuelve a escribir las oraciones de forma más precisa. Usa el vocabulario de informática del recuadro y un diccionario si lo necesitas.

navegador	microchip	datos	memoria	disco	rígido	Internet
memoria	monitor	programa	CPU	teclado	navegar	

1. Una computadora guarda información y permite a los usuarios encontrar más datos.

____

____

2. El cerebro de una computadora está en esas pequeñas piezas que conducen electricidad y guardan información.

____

____

3. Una computadora tiene programas que le indican qué hacer.

____

____

4. La información aparece en la pantalla.

____

____

Nombre ______________________ Fecha ____________

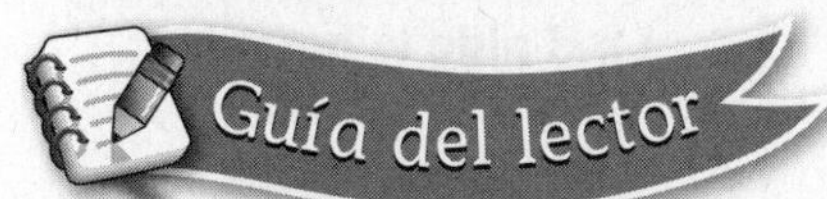

La H pide la palabra

Querido Dr. Ayuda

Imagina que la H está tan cansada de ser silenciosa que le escribe a un columnista consejero para pedir ayuda. Observa detenidamente la página 4. ¿Qué es lo que diría la H sobre por qué quiere sonar?

Querido Dr. Ayuda:

____

____

____

____

____

____

____

____

¿Cómo puedo hacer para sonar?
Gracias,
H

Nombre _______________________________ Fecha _______________

La H pide la palabra

Lectura independiente

Ahora observa con atención las páginas 10 y 11. Imagina que eres el columnista consejero que le responde a la H. Teniendo en cuenta lo que leíste en la selección, ¿qué le dirías a la H?

Querida H:

____

____

____

____

____

____

____

____

¡Buena suerte!

Dr. Ayuda

Nombre ______________________ Fecha ____________

La H pide la palabra
Ortografía: Palabras agudas y llanas: Acento ortográfico; Plurales con *-ces*

Palabras agudas y llanas: Acento ortográfico; Plurales con *-ces*

Palabras básicas Escribe la Palabra básica de la lista que tenga más sentido con la pista.

1. el que dirige un barco: ____________
2. caen de los árboles en otoño: ____________
3. muchas hierbas juntas forman ____________
4. en la sala de tu hogar seguramente hay uno de estos para sentarse: ____________
5. lo contrario de abrir: ____________
6. lo que se usa en los pies: ____________
7. vegetal verde con forma de árbol pequeño: ____________
8. lo que tienen los árboles en su base: ____________

Palabras avanzadas En una hoja aparte, escribe un párrafo corto sobre el título a continuación. Usa las cinco Palabras avanzadas en tu párrafo.

Nueva película de famoso director de cine

Palabras de ortografía

1. brécol
2. zapato
3. mano
4. podrá
5. montón
6. capitán
7. hojas
8. prados
9. ola
10. cerrar
11. leíste
12. paces
13. feroces
14. voces
15. raíces
16. avestruces
17. naturaleza
18. labor
19. conversación
20. sofá

Palabras avanzadas

letra
rojizo
actrices
quizás
feliz

Nombre ____________________ Fecha __________

La H pide la palabra
Ortografía: Palabras agudas y llanas: Acento ortográfico; Plurales con *–ces*

Clasificar palabras de ortografía

Escribe cada Palabra básica junto a la descripción correcta. Algunas palabras pueden estar en dos o más filas.

palabras agudas	**Palabras básicas:** **Palabras avanzadas:** **Palabras posibles:**
palabras llanas	**Palabras básicas:** **Palabras avanzadas:** **Palabras posibles:**
palabras que en singular terminan en *–z*	**Palabras básicas:** **Palabras avanzadas:** **Palabras posibles:**

Palabras avanzadas **Agrega las Palabras avanzadas en tu tabla para clasificar palabras.**

Conectar con la lectura **Vuelve a leer *La H pide la palabra.* Encuentra palabras agudas, llanas y palabras plurales con *–ces,* y clasifícalas en la tabla de arriba.**

Palabras de ortografía

1. brécol
2. zapato
3. mano
4. podrá
5. montón
6. capitán
7. hojas
8. prados
9. ola
10. cerrar
11. leíste
12. paces
13. feroces
14. voces
15. raíces
16. avestruces
17. naturaleza
18. labor
19. conversación
20. sofá

Palabras avanzadas

letra
rojizo
actrices
quizás
feliz

Nombre _______________ Fecha _______________

La H pide la palabra
Ortografía: Palabras agudas y llanas: Acento ortográfico; Plurales con *–ces*

Revisión de ortografía

Encuentra todas las palabras mal escritas y enciérralas en un círculo. Escríbelas correctamente en las líneas de abajo.

—¡Lucía! Deja la conversacion. ¡Llegaremos tarde a la fiesta de disfraces!

—De acuerdo. ¿Por qué no vamos por los prádos? ¿No viste el letrero que dice "Atajo"?

—Pero temo que haya animales ferozes.

—No temas, allí no hay animales. Sólo verde y naturalésa pura.

—Empecemos a correr, pues llegaremos tarde. No quiero perderme ni un instante de diversión. Mis amigas estaban muy contentas por este gran evento.

—¡Espera! ¡No corras tanto! Se me perdió un zapáto. ¿Lo puedes ver?

—¡Sí! ¡Allí está, en esa pila de hójas!

—Gracias. Ahora sí, ¡corramos! ¡Ya puedo escuchar las vóces de las personas que están en la fiesta!

1. _______________
2. _______________
3. _______________
4. _______________
5. _______________
6. _______________
7. _______________

Palabras de ortografía

1. brécol
2. zapato
3. mano
4. podrá
5. montón
6. capitán
7. hojas
8. prados
9. ola
10. cerrar
11. leíste
12. paces
13. feroces
14. voces
15. raíces
16. avestruces
17. naturaleza
18. labor
19. conversación
20. sofá

Palabras avanzadas

letra
rojizo
actrices
quizás
feliz

Nombre ______________________ Fecha __________

Comparar con adjetivos

- Los adjetivos pueden usarse para comparar dos o más cosas en una oración.

  La H es **tan importante como** cualquier otra letra.
- En la oración anterior, se comparan dos cosas: la H y el conjunto de las *demás letras*.
- *tan…como* se utiliza para comparar por igualdad.
- *más…que* se utiliza para comparar por superioridad.
- *menos…que* se utiliza para comparar por inferioridad.

Pregunta para reflexionar
¿Cuántas personas, lugares o cosas se comparan en la oración?

Actividad Vuelve a escribir cada oración en la línea de abajo con la forma correcta del adjetivo entre paréntesis.

El sonido de la Q *y de la* K *son* tan parecidos como *dos gotas de agua.*

1. La H es ________ la G. (sonora)

____

2. La F es ________ la T. (terca)

____

3. El sonido de la V es ________ como el de la F. (hermoso)

____

4. El silencio fue ________ que el fuego. (inteligente)

____

5. El alfabeto griego es ________ el español. (largo)

____

6. La palabra “río” es ________ la palabra “eso”. (corta)

____

Nombre ______________________ Fecha ____________

Hacer comparaciones con *más... que* y *el/la/los/las más... de*

- Para comparar dos personas, lugares o cosas se utiliza *más... que.*
- Para establecer el grado más alto de una cualidad se utiliza *el/la/los/las más... de.*

La G es **más sonora que** la H.
La G es **la más sonora de** todas las letras.

Pregunta para reflexionar
¿Cuántas personas, lugares o cosas se comparan en la oración?

1 a 5. Vuelve a escribir la oración con la forma correcta del adjetivo que está entre paréntesis.

El consejo del silencio fue *el más sabio de* todos los que recibió la H. (sabio)

1. La H es ________ de las letras. (silenciosa)

____

2. La D es ________ que la F. (comprensiva)

____

3. La T es ________ del abecedario. (organizada)

____

4. La J es ________ que la H. (tranquila)

____

5. La H es ________ como las demás letras. (importante)

____

Nombre ______________________ Fecha ____________

Comparar con *bueno* y *malo*

Algunos adjetivos cambian su forma cuando se usan para comparar.

Los adjetivos *bueno* y *malo* son dos ejemplos.

Adjetivo	Para comparar dos cosas	Para expresar grado más alto de la cualidad
bueno	mejor	el/la/lo mejor, óptimo
malo	peor	el/la/lo peor, pésimo
Salir temprano de la escuela es bueno. Los fines de semana son mejores.Tener vacaciones de verano es lo mejor de todo.		

Pregunta para reflexionar

¿Cuántas personas, lugares o cosas se comparan en la oración?

1 a 5. Completa las oraciones con la forma correcta del adjetivo que está entre paréntesis.

1. Su comida nunca es rica, pero esta es __________. (mala)
2. David estaba contento porque su segundo informe estaba __________ que el primero. (bueno)
3. De todas las películas de Superman, ¿cuál crees que es __________? (buena)
4. Creo que la primera película fue __________ que la segunda. (mala)
5. Regresar a casa fue __________ parte de la visita al museo. (mala)

Nombre ______________________ Fecha ____________

Frases preposicionales y contracciones

- Una preposición es una palabra que relaciona otras palabras de una oración.
- Una frase preposicional comienza con una preposición e incluye un sustantivo o un pronombre. Las preposiciones se usan para expresar ubicación o tiempo o para dar otros detalles. Ejemplo: Aprendió mucho sobre gramática.
- Cuando aparecen juntas, ciertas palabras se contraen. Por ejemplo, cuando se da la preposición *a* más el artículo *el*, se contraen formando *al*. Otro caso es *de* + *el: del*.

1 a 3. Vuelve a escribir las siguientes oraciones usando la frase preposicional que corresponda. Usa el sustantivo que se da entre paréntesis.

1. Consulta el diccionario que está (biblioteca).

____

2. Ana falta mucho a las clases (gramática).

____

3. Las clases de inglés se dictan (tarde).

____

4 a 6. Escribe las contracciones correspondiente a las palabras subrayadas.

4. Estudiamos la forma correcta de el adjetivo. ________

5. Si no estás seguro de cómo se escribe algo, pregunta a el maestro. ________

6. La *h* es la letra más silenciosa de el abecedario. ________

Nombre ____________________ Fecha __________

Fluidez de las oraciones

Combina dos oraciones cortas y forma una sola oración.

Oración 1	Oración 2
Las palabras con *c* y *s* son las más difíciles.	Las palabras con *c* y *s* también son las que traen mayor confusión.

Las palabras con c *y* s *son las más difíciles y las que traen mayor confusión.*

1 a 3. Combina estas oraciones cortas para formar una sola oración fluida y escríbela en la línea de abajo.

1.

Oración 1	Oración 2
¿Tu libro de lectura es el más divertido?	¿También es el más fascinante?

____

2.

Oración 1	Oración 2
Creo que escribir sin errores de ortografía es lo más difícil.	También escribir con el vocabulario apropiado.

____

____

3.

Oración 1	Oración 2
¿Cuál es el error de ortografía más común?	¿Cuál es también el error de ortografía que puedes corregir más fácilmente?

____

____

Nombre ______________________ Fecha ____________

La H pide la palabra
Escritura: Escritura de opinión

Punto de enfoque: Elección de palabras

Detalles del cuento corto

Al describir los personajes, el entorno y la trama en tu respuesta, elige palabras claras y exactas para que el lector pueda entender con claridad las características del cuento.

Tema	*Detalles exactos*
Personajes	fascinantes, realistas, amables, malvados

Enumera tres o más detalles que podrías usar para expresar tu opinión sobre las siguientes partes de un cuento que hayas leído recientemente. Incluye una selección de palabras interesantes.

Tema	Detalles exactos
1. Lugar	
2. Tiempo	
3. Sucesos	
4. Final	

Nombre ______________________ Fecha ____________

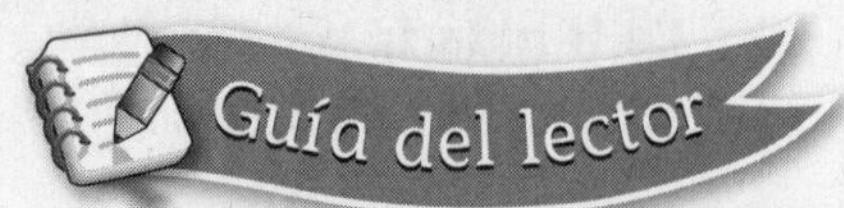

¡Alerta sobre los anfibios!

Grupo de conservación de anfibios

Imagínate que trabajas para un grupo conservacionista de los anfibios. Ayuda a crear un folleto sobre tu organización.

En este lado del folleto, explica por qué existe tu grupo. Observa detenidamente las páginas 22 y 23 (para encontrar detalles que indiquen qué son los anfibios y dónde viven), y las páginas 24 y 25 (para encontrar detalles sobre las amenazas para la vida de los anfibios). Usa dos sinónimos para el sustantivo *amenaza* en tu folleto.

¿Qué es un anfibio?

____

____

____

Amenazas para la vida anfibia:

____

____

____

____

____

____

____

Nombre _______________________________ Fecha _______________

En este lado del folleto, explica lo que la gente puede hacer para ayudar a proteger a los anfibios. Observa detenidamente las páginas 26 y 27 para encontrar detalles que te ayudarán a escribir. Usa dos antónimos para la palabra *amenazar* en esta parte del folleto. Recuerda que trabajas para un grupo conservacionista.

Lo que hacen los grupos conservacionistas:

____

____

____

____

____

Lo que tú puedes hacer para ayudar:

____

____

____

____

____

____

____

____

Nombre ______________________ Fecha ____________

Palabras con *h* y *ch*; Palabras con *r* suave y fuerte

Palabras básicas **Lee los párrafos. Escribe en las líneas de abajo la Palabra básica que mejor vaya en cada caso.**

Nuestro (1) __________ era un gran rancho en los campos más lindos del país. A lo lejos, en el (2) __________ se podía ver la gran ciudad. En aquel lugar, todos los días mi (3) __________ se entrenaba para la (4) __________ de 5,000 metros anual. Él mismo se había propuesto ese (5) __________. Él soñaba con ser un gran atleta y participar de los Juegos Olímpicos, por eso entrenaba tanto y se alimentaba sanamente, comía (6) __________, calabazas, espinaca y brócoli. Y nunca olvidaba su ración de alimentos con proteínas.

Él era un (7) __________ muy responsable y todos los días, durante (8) __________ minutos, hacía sus ejercicios. Soñaba con llevar las (9) __________ olímpicas de todas las Olimpíadas que pudiera. Yo estoy segura de que así será.

Mientras tanto, todo ese entrenamiento ha sido positivo. (10) __________, en una de las paredes de su habitación, hay una medalla que dice "Carrera de 5,000 metros: Primer puesto."

1. ______________________
2. ______________________
3. ______________________
4. ______________________
5. ______________________
6. ______________________
7. ______________________
8. ______________________
9. ______________________
10. ______________________

Palabras avanzadas **Escribe un párrafo corto en el que cuentes algo que te ocurrió junto a un amigo un día de vacaciones. Usa dos Palabras avanzadas en tu párrafo.**

Palabras de ortografía

1. hogar
2. horizonte
3. hermosa
4. hermano
5. entero
6. ahora
7. honrado
8. ratón
9. carrera
10. reto
11. terraza
12. hache
13. techo
14. hipopótamo
15. zanahorias
16. antorchas
17. desabrochó
18. echaban
19. muchacho
20. ochenta

Palabras avanzadas

hispanohablante
oreja
susurro
bahía
hoyo

Nombre ______________________ Fecha __________

¡Alerta sobre los anfibios!
Ortografía: Palabras con *h* y *ch*; Palabras con *r* suave y fuerte

Clasificar palabras de ortografía

Escribe cada Palabra básica junto a la descripción correcta. Algunas palabras pueden estar en dos o más filas.

palabras con *h*	Palabras básicas: Palabras avanzadas: Palabras posibles:
palabras con *ch*	Palabras básicas: Palabras posibles:
palabras con *r* suave	Palabras básicas: Palabras avanzadas: Palabras posibles:
palabras con *r* fuerte	Palabras básicas: Palabras avanzadas: Palabras posibles:

Palabras de ortografía

1. hogar
2. horizonte
3. hermosa
4. hermano
5. entero
6. ahora
7. honrado
8. ratón
9. carrera
10. reto
11. terraza
12. hache
13. techo
14. hipopótamo
15. zanahorias
16. antorchas
17. desabrochó
18. echaban
19. muchacho
20. ochenta

Palabras avanzadas

hispanohablante
oreja
susurro
bahía
hoyo

Palabras avanzadas Agrega las Palabras avanzadas en tu tabla para clasificar palabras.

Conectar con la lectura Vuelve a revisar *¡Alerta sobre los anfibios!* Encuentra palabras con *h* y *ch*, palabras con *r* suave y fuerte, y clasifícalas en la tabla de arriba.

Nombre ______________________ Fecha ____________

¡Alerta sobre los anfibios!
Ortografía: Palabras con *h* y *ch;* Palabras con *r* suave y fuerte

Revisión de ortografía

Encuentra todas las palabras mal escritas y enciérralas en un círculo. Escríbelas correctamente en las líneas de abajo.

Mi padre me contó que en su familia había un tío muy especial. Él vivía en un rancho. En su ogar tenía varios animales. El más extraño era el ipopótamo Julián. Cuando era niño, mi padre pasaba todas las tardes alimentándolo con zanaorias, que era lo más rico para el animal. Un día, Julián se comió un paquete enterro de estos vegetales. Después estuvo 2 días sin probar bocado.

El tío de mi padre a veces no podía dormir. Él estaba convencido de que un rratón lo espiaba todas las noches. Entonces usaba unas antorhcas para iluminar la casa y buscar al animalito. Puntualmente a la medianoche, el tío comenzaba una carrera para localizarlo. Buscaba aquí y allí, por la teraza y por el techho. Muchos años buscó y buscó y nunca encontró nada. ¿Lo escondería Julián?

1. ____________ 5. ____________

2. ____________ 6. ____________

3. ____________ 7. ____________

4. ____________ 8. ____________

Palabras de ortografía

1. hogar
2. horizonte
3. hermosa
4. hermano
5. entero
6. ahora
7. honrado
8. ratón
9. carrera
10. reto
11. terraza
12. hache
13. techo
14. hipopótamo
15. zanahorias
16. antorchas
17. desabrochó
18. echaban
19. muchacho
20. ochenta

Palabras avanzadas

hispanohablante
oreja
susurro
bahía
hoyo

Nombre ______________________ Fecha ____________

Comparar con adjetivos

- Algunos **adjetivos**, como *bueno* y *malo*, cambian su forma cuando se usan para comparar.
- Cambia *bueno* por *mejor* cuando compares dos cosas. Cambia *bueno* por *óptimo* o *el/la/lo mejor* cuando quieras expresar el grado más alto de esa cualidad.
- Cambia *malo* por *peor* cuando compares dos cosas. Cambia *malo* por *pésimo* o *el/la/lo peor* cuando quieras expresar el grado más alto de esa cualidad.

Pregunta para reflexionar
¿Cuántas personas, lugares o cosas se comparan en la oración?

Actividad Completa los espacios en blanco con la forma correcta del adjetivo entre paréntesis.

Esta comida es ***la peor****. (mala)*

1. Escuché una ________ noticia: 120 especies de anfibios están ahora extintas. (malo)
2. ¿Cuál es el ________ libro que has leído? (bueno)
3. ¿Son los sapos ________ nadadores que los peces? (bueno)
4. ¿Cuál es el ________ medio ambiente para el sapo? (malo)
5. Para vender estos alimentos, la calidad tiene que ser _______ . (buena)

Nombre ____________________ Fecha ____________

¡Alerta sobre los anfibios!
Gramática: Hacer comparaciones

Comparar con adverbios

- Los adverbios pueden usarse para comparar acciones.

  La salamandra se mueve **más rápido que** la tortuga.
- Muchos adverbios terminan en *–mente.*
- *tan… como* se utiliza para comparar por igualdad.
- *más… que* se utiliza para comparar por superioridad.
- *menos… que* se utiliza para comparar por inferioridad.

Preguntas para reflexionar
¿Cuántas cosas compara el adverbio?
¿El adverbio termina en –mente?

Escribe en los espacios en blanco la forma comparativa del adverbio que está entre paréntesis.

Las ranas comen insectos tan vorazmente como los sapos. (voraz)

1. La rana salta __________ que el sapo. (lejos)
2. ¿Crees que las tortugas pueden nadar más ____________ las ranas? (rápido)
3. Los científicos salvaron a las tortugas tan ____________ pudieron. (rápidamente)
4. Algunos animales están más __________ otros de la extinción. (cerca)
5. La tortuga camina ______________ que la hormiga. (lentamente)

Nombre _______________________ Fecha ___________

Hacer comparaciones

1 a 6. Encierra en un círculo la palabra entre paréntesis que mejor complete las siguientes oraciones

1. De todos sus amigos , Daniel fue el que obtuvo la (más mala/ peor) calificación en el examen.
2. Creo que la ropa se seca (más rápidamente/más rápidamente que) cuando el aire es cálido que cuando es frío.
3. Compro en el mercado Bloom (más que/tanto que) en el mercado de Lynn.
4. De todas las frutas del mercado Bloom, las bananas son las (más buenas/mejores).
5. Cuando los equipos eligen jugadores, eligen a Beth (más rápido que/más rápido como) a José.
6. Beth corre (tan lento como/tan lento que) José.

Nombre ______________________ Fecha ______________

Clases de verbos

- La mayoría de los verbos expresan **acción**, pero existen otros verbos llamados **copulativos**.
- Los verbos **copulativos** son los que unen el sujeto de la oración con un atributo o adjetivo en el predicado. No expresan acción.
- Algunos verbos copulativos son *ser, estar* y *parecer.*

Verbos de acción	Verbos copulativos
Las ranas **viven** en estanques.	Los anfibios **están** desprotegidos.
No todos **cuidan** el medio ambiente.	La piel del anfibio **es** permeable.

1 a 4. Escribe al lado de cada oración *copulativo* o *acción,* según corresponda.

Leer sobre ecología es interesantísimo. *copulativo*

1. El medio ambiente es importante para todos. __________
2. Muchas especies ya han desaparecido de la Tierra. __________
3. Los dinosaurios parecen reptiles. __________
4. Antes de esta clase, nunca había estudiado sobre los anfibios.

____

Nombre ______________________ Fecha ____________

¡Alerta sobre los anfibios!
Gramática: Conectar con la escritura

Normas: Corregir

Corrige la oración y coloca el adverbio en la forma correcta.

Oración con errores	Oración corregida
El conejo corre rápido que la gallina.	El conejo corre ^más^ rápido que la gallina. *El conejo corre más rápido que la gallina.*

Usa las marcas de corrección para corregir los errores en las normas de las siguientes oraciones.

Estas ilustraciones son las ~~más buenas~~ mejores.

1. De los cinco libros que leí sobre mamíferos, éste fue más peor.

2. De los 50 ensayos enviados, el de José fue calificado como mejor.

3. De todas mis calificaciones, la de Ciencias es la buena.

4. De los tres miembros del equipo, Clara es la que trabaja rápido.

5. Mónica vive lejos de la escuela que yo.

Nombre ______________________ Fecha ____________

Punto de enfoque: Voz

Comunicar sentimientos

Voz poco interesante	*Voz interesante*
Encontré una salamandra. Me sentí sorprendido.	Levanté el tronco. ¡Uh! ¡Cómo me sorprendió la salamandra color amarillo brillante que había debajo!

Lee cada una de las oraciones. Vuelve a escribirlas dándoles interés y emoción. Escribe como si estuvieras dando tu opinión en una entrada de diario.

Voz poco interesante	*Voz interesante*
1. Mi papá y yo vimos una rana en el estanque.	
2. No me gusta que la gente arroje cosas en el estanque.	
3. Las ranas mugidoras hacen sonidos divertidos.	
4. No me gustó agarrar el sapo.	

Nombre _______________________________ Fecha ______________

Lágrimas de cocodrilo

¡Cuántas lágrimas!

Menciona tres motivos por los que puedes llorar, que se explican en la selección. Para cada motivo, indica qué tipo de lágrima se produce y por qué es importante.

Motivo de las lágrimas	Tipo de lágrimas	Por qué son importantes las lágrimas

Nombre ______________________ Fecha ____________

Escríbele un correo electrónico a tu amigo contándole lo que aprendiste sobre las lágrimas. Incluye detalles sobre los que hayas leído en la selección. Asegúrate de explicarle a tu amigo por qué las lágrimas son importantes.

Mensaje nuevo

Para:

De:

Asunto: **¡Llorar es importante!**

Nombre ______________________ Fecha ____________

Palabras con *g* fuerte y *j*; Palabras con *c, k, q* con sonido /k/

Palabras básicas 1 a 10. Escribe la Palabra básica de la lista que tenga más sentido con la pista.

1. día de la semana en el que generalmente no se trabaja: ____________
2. es necesario cuando viajamos a otra ciudad: ____________
3. animal que camina muy lento: ____________
4. sinónimo de 'daba vueltas': ____________
5. lo que usamos para saber la hora: ____________
6. se usa para cortar telas y papeles: ____________
7. cuando quieres saber cómo te ves con tus pantalones nuevos, te miras en él: ____________
8. lugar en donde puedes encontrar muchos animales: ____________
9. trasladarse de un lugar a otro: ____________
10. sinónimo de 'recuperar': ____________

Palabras avanzadas 11 a 13. En una hoja aparte, escribe un párrafo corto en el que cuentes algo que te ocurrió junto a un amigo un día de vacaciones. Usa tres Palabras avanzadas en tu párrafo.

Palabras de ortografía

1. empujó
2. frijoles
3. tijeras
4. apaga
5. legionario
6. elegido
7. reloj
8. viajar
9. jefe
10. giraba
11. espejo
12. choque
13. quedan
14. domingo
15. quebrado
16. equipaje
17. granja
18. recobrar
19. barquillos
20. tortuga

Palabras avanzadas

conmigo
manejó
ligera
sujetando
raqueta

Nombre ______________________________ Fecha ______________

Lágrimas de cocodrilo
Ortografía: Palabras con *g* fuerte y *j*; Palabras con *c, k, q* con sonido /k/

Clasificar palabras de ortografía

Escribe cada Palabra básica junto a la descripción correcta. Algunas palabras pueden estar en dos o más filas.

palabras con *g* fuerte	**Palabras básicas:** **Palabras avanzadas:** **Palabras posibles:**
palabras con *j*	**Palabras básicas:** **Palabras avanzadas:** **Palabras posibles:**
palabras con sonido /k/	**Palabras básicas:** **Palabras avanzadas:** **Palabras posibles:**

Palabras avanzadas Agrega las Palabras avanzadas en tu tabla para clasificar palabras.

Conectar con la lectura Vuelve a revisar *Lágrimas de cocodrilo*. Encuentra palabras con *g* fuerte, *j* y con sonido /k/, y clasifícalas en la tabla de arriba.

Palabras de ortografía

1. empujó
2. frijoles
3. tijeras
4. apaga
5. legionario
6. elegido
7. reloj
8. viajar
9. jefe
10. giraba
11. espejo
12. choque
13. quedan
14. domingo
15. quebrado
16. equipaje
17. granja
18. recobrar
19. barquillos
20. tortuga

Palabras avanzadas

conmigo
manejó
ligera
sujetando
raqueta

Nombre ______________________ Fecha ____________

Lágrimas de cocodrilo
Ortografía: Palabras con *g* fuerte y *j*; Palabras con *c, k, q* con sonido /k/

Revisión de ortografía

Encuentra todas las palabras mal escritas y enciérralas en un círculo. Escríbelas correctamente en las líneas de abajo.

El verano pasado fui a visitar a mis abuelos a su granga. Como iba a viajar solo, mi madre creyó que sería mejor que viajara en avión hasta la ciudad más cercana. Antes de hacer las maletas, mi madre me aconsejó que envolviera bien el espego para mi abuela.

El viaje fue muy tranquilo y el avión aterrizó sin problemas. Cuando fui por mi equipage, vi que la cinta en donde estaban las maletas jiraba sin parar y que la mía no estaba. Tuve que ir a buscar al gefe del sector para hacer mi reclamo. Mientras miraba el reloj impaciente, apareció una amable señorita y me dijo que habían podido rekobrar mi maleta.

Mis abuelos me estaban esperando en la salida. Mientras viajaba en el automóvil ya me había tranquilizado y soñaba con los deliciosos frigoles de mi abuela que pronto comería.

1. ____________
2. ____________
3. ____________
4. ____________
5. ____________
6. ____________
7. ____________

Palabras de ortografía

1. empujó
2. frijoles
3. tijeras
4. apaga
5. legionario
6. elegido
7. reloj
8. viajar
9. jefe
10. giraba
11. espejo
12. choque
13. quedan
14. domingo
15. quebrado
16. equipaje
17. granja
18. recobrar
19. barquillos
20. tortuga

Palabras avanzadas

conmigo
manejó
ligera
sujetando
raqueta

Pronombres posesivos

Pronombres posesivos

- Un **pronombre posesivo** es un pronombre que indica propiedad.
- Los **pronombres posesivos** pueden reemplazar a sustantivos repetidos en la oración.
- Los **pronombres posesivos** deben coincidir en género y número con el/los objeto/s poseído/s.

mi/mis	nuestro/a, nuestros/as
tu/tus	su/sus
su/sus	su/sus

La maestra entregó a los estudiantes las evaluaciones **de los estudiantes.**

La maestra entregó a los estudiantes **sus** evaluaciones.

Preguntas para reflexionar
¿Hay alguna palabra que exprese posesión? ¿Alguna de ellas necesita ser reemplazada para evitar la repetición?

1 a 5. Reemplaza las palabras subrayadas con la forma correcta del posesivo que está entre paréntesis y escribe la nueva oración en la línea de abajo.

1. El cocodrilo llora, pero las lágrimas del cocodrilo no son de tristeza. (su, mi, sus)

   ____

2. Cuando somos pequeños tenemos caprichos y a veces los caprichos de nosotros nos hacen llorar. (nuestros, nuestras, tus)

   ____

   ____

3. El llanto del bebé no nos dejó dormir, pero después se oyó la risa del bebé. (sus, mi, su)

   ____

4. María me dijo que el hermano de María se había caído de la bicicleta. (su, sus, mi)

   ____

5. Pedro me mostró el libro nuevo de Pedro. (sus, tu, su)

   ____

Nombre ______________________ Fecha ____________

Pronombres posesivos

- Algunos **pronombres posesivos** se escriben delante de un sustantivo. Otros se usan sin sustantivos.

mío/a, míos/as	nuestro/a, nuestros/as
tuyo/a, tuyos/as	suyo/a, suyos/as
suyo/a, suyos/as	suyo/a, suyos/as

Las evaluaciones son **nuestras**.

Pregunta para reflexionar
¿El pronombre posesivo está seguido de un sustantivo?

1 a 4. Lee cada oración y encuentra el pronombre posesivo. Escríbelo en la línea de abajo.

1. Las lágrimas del cocodrilo no son de tristeza, pero las mías sí.

   ____

2. Los caprichos del bebé son comprensibles, pero los tuyos no.

   ____

3. Los abuelos de Juan llegaron temprano y también los nuestros.

   ____

4. Tu cocodrilo tiene los ojos abiertos y el suyo no.

   ____

5 y 6. Vuelve a escribir cada oración en la línea de abajo de modo que el posesivo se use sin el sustantivo.

5. ¿Cuál es tu informe?

   ____

6. El informe sobre las lágrimas es mi informe.

   ____

Nombre ______________________ Fecha __________

Pronombres posesivos

1 a 6. Reemplaza las palabras subrayadas con el pronombre posesivo correcto.

1. Los patines de Jill están en el garaje de la casa de Jill.

   ____

2. La mochila con tiras fluorescentes es mi mochila.

   ____

3. Juana no puede encontrar el zapato de Juana.

   ____

4. ¿Cuál de todos los almuerzos es tu almuerzo?

   ____

5. Los tres niños fueron a la escuela en las bicicletas de los tres niños. ______________

6. Si Ned tiene mi abrigo, entonces yo tengo el abrigo de Ned.

   ____

Nombre ______________________ Fecha ______________

Oraciones

- Las oraciones tienen dos partes: **sujeto** y **predicado.**
- El **sujeto** es quien o quienes hacen la acción.
- El **predicado** es la acción que realiza el sujeto.
- El sujeto y el predicado pueden ser **simples** o **compuestos**.
- **Simples**: un solo sujeto, una sola acción.
- **Compuestos**: dos o más sujetos coordinados por una coma o "y"; dos o más verbos coordinados por una coma o "y".

1 a 4. Escribe en la línea de abajo si la parte subrayada es el sujeto o el predicado de la oración.

1. Tú debes soltar esas lágrimas.

   ____

2. Los cocodrilos no lloran.

   ____

3. Los animales experimentan emociones.

   ____

4. Llorar es muy bueno.

   ____

5 y 6. Escribe en la línea de abajo si el sujeto o el predicado subrayado es simple o compuesto.

5. Los niños y algunos animales lloran.

   ____

6. Los cocodrilos comen y lloran al mismo tiempo.

   ____

Nombre ______________________ Fecha __________

Lágrimas de cocodrilo
Gramática: Conectar con la escritura

Fluidez de las oraciones

Para evitar la repetición del sustantivo que indica posesión, reemplázalo por pronombres posesivos.

Oración con sustantivo repetido que indica posesión	Oración con pronombre posesivo
José lloró porque el automóvil de José se rompió.	José lloró porque su automóvil se rompió.

Lee cada oración y vuelve a escribirla en la línea de abajo reemplazando los sustantivos subrayados con pronombres posesivos.

Mis hermanos y yo limpiamos la habitación de mis hermanos y yo.
Mis hermanos y yo limpiamos nuestra habitación.

1. Hoy, los estudiantes de cuarto grado harán la primera excursión de cuarto grado al zoológico.

____

____

2. Sara habló sobre la primera visita de Sara al zoológico.

____

3. Mis lágrimas son saladas pero tus lágrimas no.

____

4. Elena se fue de vacaciones con la familia de Elena, pero yo fui con mi familia.

____

____

5. Mi escuela está lejos de casa, pero tu escuela no.

____

Nombre ____________________ Fecha ____________

Punto de enfoque: Organización

Un párrafo bien organizado tiene:

- una idea principal;
- detalles que apoyan la idea principal;
- una conclusión que vuelve a formular la idea principal.

Utiliza una hoja aparte. Organiza las siguientes oraciones para formar un párrafo bien organizado

1. Tienen proteínas naturales que protegen el ojo;
2. En conclusión: las lágrimas no son solo una manifestación de tristeza (llanto) sino parte del sistema inmune de nuestro cuerpo.
3. Cumplen también una función contra infecciones, virus y bacterias.
4. además, expulsan los gérmenes y permiten que los ojos no se sequen.
5. Las lágrimas son un mecanismo de defensa del organismo.

Nombre ______________________ Fecha __________

La abeja haragana

Escribe un anuncio para la colmena

Ayuda a la abeja a comprender las ventajas y desventajas de ser haragana. Vuelve a leer las páginas 50, 51 y 52. Piensa detenidamente en lo que se describe en estas páginas. Usa esa información para completar la tabla de abajo.

Ser haragana	
Ventajas	**Desventajas**
1. ______________________	1. ______________________
2. ______________________	2. ______________________
	3. ______________________

Nombre ______________________ Fecha ____________

La abeja haragana
Lectura independiente

Escribe un anuncio que pueda hacer la abeja en la colmena para evitar que otras abejas se vuelvan haraganas. Ayuda a las abejas a comprender las consecuencias de ser haraganas. Incluye cinco frases que podría decir la abeja haragana. Incluye dos acotaciones que indiquen cómo diría estas frases la abeja.

Línea 1: ______________________________

Línea 2: ______________________________

Línea 3: ______________________________

Línea 4: ______________________________

Línea 5: ______________________________

Nombre ______________________ Fecha ____________

La abeja haragana
Ortografía: Palabras con *b* y *v;* Palabras con *m* delante de *p* y *b;* Palabras con *n* delante de *f* y *v*

Palabras con *b* y *v;* Palabras con *m* delante de *p* y *b;* Palabras con *n* delante de *f* y *v*

Palabras básicas 1 a 10. Escribe en cada línea de abajo las Palabras básicas que completen mejor las oraciones.

El año pasado hubo un gran revuelo en mi vecindario. Todos los (1) __________ estaban en la calle y hablaban entre sí. Según escuchó mi hermanita, un (2) __________ dijo que él podía (3) __________ la máquina del tiempo. Este aparato serviría para viajar a otras épocas. ¡Qué (4) __________ sería viajar a otra época! La verdad es que a mí me parecía (5) __________ que algo así pudiera existir. Sin embargo los periódicos empezaron a (6) __________ sobre la historia.

Después de dos semanas todo el mundo se acercó a la casa de nuestro vecino. Todos querían ver lo que sucedía. Los bomberos también estuvieron presentes porque sabían que el hombre iba a combinar químicos para su máquina. ¡Y menos mal! Un hombrecito con un (7) __________ y (8) __________ se tropezó y (9) __________ al inventor cuando estaba mezclando los químicos y provocó un incendio. El proyecto fue un (10) __________ desastre. Afortunadamente nadie salió herido, pero tampoco nadie viajó al pasado.

1. ______________________ 6. ______________________
2. ______________________ 7. ______________________
3. ______________________ 8. ______________________
4. ______________________ 9. ______________________
5. ______________________ 10. ______________________

Palabras de ortografía

1. hombres
2. inventar
3. bienvenida
4. cambio
5. interrumpió
6. rompieron
7. completo
8. empujó
9. campamento
10. limpieza
11. rombo
12. conversó
13. imposible
14. impermeable
15. sembraba
16. sombrero
17. bigotes
18. escribir
19. vecino
20. violín

Palabras avanzadas

investigación
rompible
importar
prohíbe
disolver

Palabras avanzadas 11 a 14. Has visto un documental sobre los cambios climáticos. En una hoja aparte, escribe una reseña para la clase. Usa cuatro Palabras avanzadas en tu párrafo.

Nombre ______________________ Fecha ____________

La abeja haragana
Ortografía: Palabras con *b* y *v*; Palabras con *m* delante de *p* y *b*; Palabras con *n* delante de *f* y *v*

Clasificar palabras de ortografía

Escribe cada Palabra básica junto a la descripción correcta. Algunas palabras pueden estar en dos o más filas.

palabras con *b*	**Palabras básicas:** **Palabras avanzadas:** **Palabras posibles:**
palabras con *v*	**Palabras básicas:** **Palabras avanzadas:** **Palabras posibles:**
palabras con *m* delante de *p* y *b*	**Palabras básicas:** **Palabras avanzadas:** **Palabras posibles:**
palabras con *n* delante de *f* y *v*	**Palabras básicas:** **Palabras avanzadas:** **Palabras posibles:**

Palabras de ortografía

1. hombres
2. inventar
3. bienvenida
4. cambio
5. interrumpió
6. rompieron
7. completo
8. empujó
9. campamento
10. limpieza
11. rombo
12. conversó
13. imposible
14. impermeable
15. sembraba
16. sombrero
17. bigotes
18. escribir
19. vecino
20. violín

Palabras avanzadas

investigación
rompible
importar
prohíbe
disolver

Palabras avanzadas Agrega las Palabras avanzadas en tu tabla para clasificar palabras.

Nombre ______________________ Fecha __________

La abeja haragana
Ortografía: Palabras con *b* y *v*; Palabras con *m* delante de *p* y *b*; Palabras con *n* delante de *f* y *v*

Revisión de ortografía

Encuentra todas las palabras mal escritas y enciérralas en un círculo. Escríbelas correctamente en las líneas de abajo.

El verano pasado estuve en un canpamento y allí me divertí mucho a pesar de que teníamos que limpiar nuestras cabañas. Los días fueron muy calurosos y nunca podía salir sin mi sonbrero.

Un día, el clima cambió repentinamente. Una lluvia interrunpió nuestro momento de juego. A pesar de ello, con mis amigos decidimos permanecer afuera. Aunque yo me puse un impermeavle, me mojé mucho. Nuestro coordinador nos pidió que entráramos porque nos podíamos enfermar. Estábamos muy aburridos adentro… ¡No sabíamos qué juego inbentar! Uno de los organizadores nos dijo que sabía tocar el biolín y nos enseñó algunas notas. Lamentablemente, al instrumento se le ronpieron unas cuerdas cuando estuvo en mis manos. En la noche nos fuimos todos a dormir y a la mañana siguiente pudimos darle la biemvenida al sol.

1. ______________ 5. ______________
2. ______________ 6. ______________
3. ______________ 7. ______________
4. ______________ 8. ______________

Palabras de ortografía

1. hombres
2. inventar
3. bienvenida
4. cambio
5. interrumpió
6. rompieron
7. completo
8. empujó
9. campamento
10. limpieza
11. rombo
12. conversó
13. imposible
14. impermeable
15. sembraba
16. sombrero
17. bigotes
18. escribir
19. vecino
20. violín

Palabras avanzadas

investigación
rompible
importar
prohíbe
disolver

Nombre ______________________ Fecha __________

Usar el pronombre posesivo correcto

- Usa los pronombres posesivos *mi/mis, tu/tus, su/sus, nuestro/a nuestros/as, su/sus* cuando les sigue un sustantivo.
- Usa los pronombres posesivos *mío/a, míos/as, tuyo/a, tuyos/as, suyo/a, suyos/as, nuestro/a, nuestros/as, suyo/a, suyos/as* cuando después de ellos no sigue un sustantivo y así evitas repetir el nombre del objeto poseído.
- Recuerda que a veces, cuando el posesivo se usa solo, debes anteponerle el artículo definido correspondiente al objeto poseído.

__Tus promesas__ deben cumplirse.
__Las mías__ también deben cumplirse.

Pregunta para reflexionar
¿El posesivo está solo o acompañado por un sustantivo?

1 a 6. Completa la oración con el pronombre posesivo que corresponda. Entre paréntesis se indica quién es el poseedor.

Nosotras cuidamos *nuestra* casa. (de nosotras)

1. ______________ compañeras no la dejaron entrar en la colmena. (de la abeja)
2. La abeja aprendió su lección. Nosotros debemos aprender la ______________. (de nosotros)
3. Cuando hay tormenta, encuentran refugio en ______________ casas. (de Pedro y Tomás)
4. Yo hice mi tarea. ¿Él hizo la ______________? (de él)
5. La abeja fue más astuta que ______________ enemiga. (de la abeja)
6. Sus crayones son más nuevos que los ______________. (tú)

Nombre ______________________ Fecha ____________

Repasar pronombres personales, demostrativos y posesivos

- Los **pronombres personales** son palabras que señalan la persona, animal o cosa de la oración. Los pronombres son *yo, tú, usted, él, ella, nosotros/as, ellos/as, ustedes.*
- Los **pronombres demostrativos** sirven para nombrar y distinguir elementos que ya se han nombrado anteriormente, pero sin repetirlos. Los pronombres son *este/a/os/as, ese/a/os/as, aquel, aquella, aquellos/as.*
- Los **pronombres posesivos** se refieren al poseedor de un objeto. Siempre deben coincidir en género y número con el objeto poseído. Los pronombres son *mi/mis, tu/tus, nuestro/a, nuestros/as, su/sus.*

  Ustedes viajaron en tren.

  La escultura es hermosa, pero **aquella** es muy fea.

Pregunta para reflexionar
¿Qué se está reemplazando con los pronombres?

1 a 5. Escribe el pronombre que completa mejor cada oración.

Las abejas no dejaron entrar a su compañera. (suya, tuyo, su)

1. La abeja tuvo que pedir ayuda. ____________ recibió ayuda de la culebra. (mi, ese, ella)

2. Las hormigas trabajan en conjunto como las abejas, pero ____________ viven en un panal. (estos, estas, aquel)

3. La tormenta destruyó la casa de Pedro, pero no la ____________. (yo, esta, mía)

4. ____________ queremos colaborar con las actividades de la escuela. (ustedes, nosotros, aquella)

5. ____________ siempre quieren trabajar en equipo. (nosotros, suyos, ustedes)

Nombre ____________________ Fecha ____________

Pronombres reflexivos

Lee cada pregunta. Rellena el círculo que contiene la letra que corresponde a la respuesta correcta.

Un **pronombre reflexivo** se usa cuando el sujeto y el objeto de una oración es la misma persona o cosa, o las mismas personas o cosas.

Persona	Pronombre reflexivo
yo	me
tú	te
él/ella	se
nosotros	nos
ustedes	se
ellos	se

Algún día *me* cuidaré. Ellos *se* han marchado.

1 a 8. Completa los espacios en blanco con el pronombre reflexivo correcto.

1. Cuando tenía hambre, Jane ____________ preparaba un sándwich.
2. Ten cuidado, Lisa. No ____________ cortes con el cuchillo.
3. Creo que ____________ mudaré al otro lado de la ciudad.
4. ____________ sentimos mal por habernos perdido en el museo.
5. Los muchachos ____________ hicieron sentir muy a gusto.
6. No ____________ preocupes, mamá. Me abrigaré antes de salir.
7. El perro ____________ vio al espejo y ladró.
8. Jack ____________ cocinó una pizza para almorzar.

Nombre ______________________ Fecha ____________

Pronombres

- Los pronombres complemento de preposición son:

Pronombre personal	Pronombre complemento
Yo	mí/conmigo
Tú	ti/contigo
Usted	usted
Él/ella	sí/él/ella/consigo
Nosotros	nosotros
Ustedes	ustedes
Ellos/as	sí/ellos/ellas/consigo

1 a 5. Vuelve a escribir las oraciones reemplazando la parte subrayada por el pronombre complemento que corresponda.

Yo no pienso todo el tiempo en yo.
Yo no pienso todo el tiempo en mí.

1. Juan y Lucía compraron lápices para Juan y Lucía.

____

2. Clara le dijo a María: "Tengo un regalo para María".

____

3. Eleonora le dijo a Verónica: "Verónica, ¿quieres ir al cine con Eleonora?".

____

4. Yo quiero una bicicleta para yo.

____

5. Marcos y Daniela siempre llevan los libros con Marcos y Daniela.

____

Nombre ______________________ Fecha ____________

La abeja haragana
Gramática: Conectar con la escritura

Fluidez de las oraciones

Para evitar la repetición de un sustantivo puedes usar pronombres.

Oración con sustantivos repetidos	Oración con pronombres y sustantivos reemplazados
Martín viajó con la mamá de Martín porque Martín no quería ir solo.	*Martín viajó con **su** mamá porque **él** no quería ir solo.*

Para mejorar la fluidez, vuelve a escribir cada oración en la línea de abajo reemplazando los sustantivos por los pronombres correspondientes.

Ignacio lee sin parar. Ignacio estudia.

Ignacio lee sin parar. Él estudia.

1. María es morena y Carla es rubia. Carla y María son amigas.

____

____

2. El reporte de mi hermano estaba en el escritorio pero el reporte de mí no.

____

____

3. El médico dijo: "Señor González es su turno. Señor González, puede pasar".

____

____

Nombre ______________________ Fecha __________

Punto de enfoque: Ideas
Adelantarse a las objeciones

Los buenos lectores piensan cómo la audiencia reaccionará a sus ideas. En un ensayo persuasivo, tratan de adelantarse a las objeciones. Este escritor no está de acuerdo con la objeción sobre el peligro de las abejas.

Idea: *Debemos proteger a las abejas.*

Posible objeción: *Las picaduras de abejas son peligrosas.*

Oración revisada: *Si bien las picaduras de abeja pueden ser peligrosas, estos insectos son necesarios para la reproducción de las flores y por eso debemos cuidarlos.*

Lee la idea y la posible objeción. Vuelve a escribir la oración para responder la objeción. Lee *La abeja haragana* para buscar información para responder.

1. **Idea:** La culebra no comió a la abeja.
   Posible objeción: Las culebras se alimentan de insectos.
   Oración revisada: ______________________
   ____
   ____

2. **Idea:** La abeja ganó la prueba.
   Posible objeción: La culebra es más grande que la abeja.
   Oración revisada: ______________________
   ____
   ____

3. **Idea:** La abeja regresa al panal.
   Posible objeción: No le gusta trabajar como a las otras.
   Oración revisada: ______________________
   ____
   ____

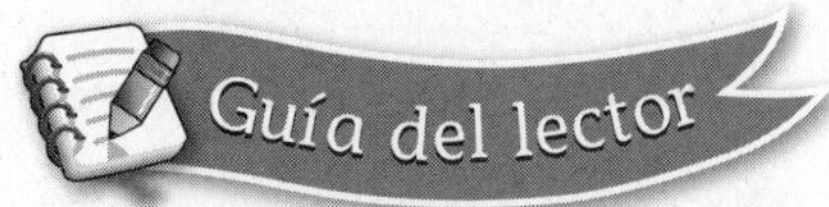

S.O.S. Animales en peligro

Haz una página web

Completa el diario de ciencias. Vuelve a leer las páginas 66 a 68 para encontrar la información sobre especies extintas.

Diario de Ciencias	
Especie	**Motivo de extinción**
1. Dinosaurios	
2. Pájaro dodo	
3. Lobo marsupial	
4. Pájaro elefante	

Escribe un texto para una página web de un sitio ecológico que informe a las personas sobre las especies en peligro de extinción. Usa lo que has aprendido, explica los peligros de la caza excesiva, de la tala indiscriminada o del comercio de animales.

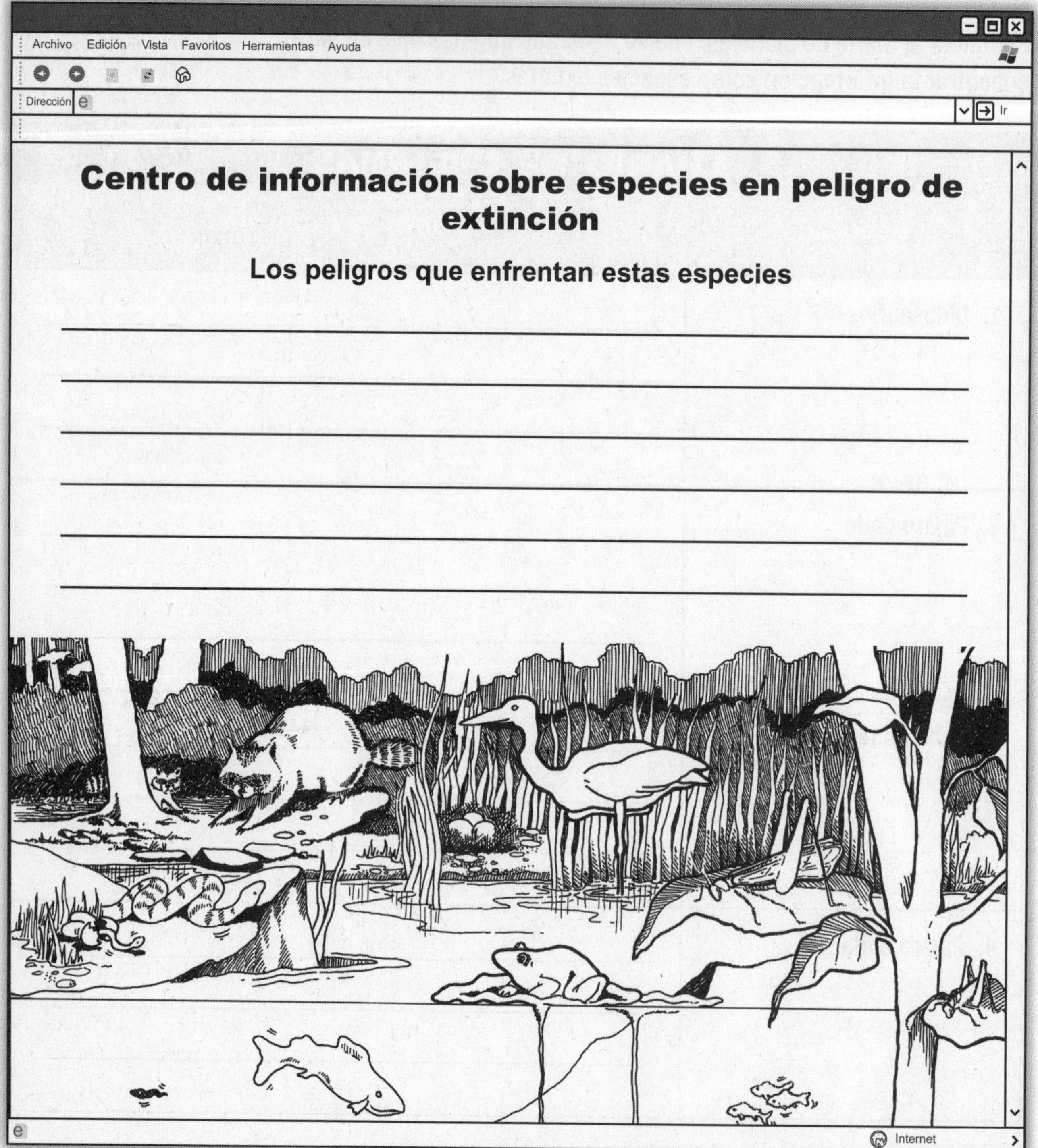

Nombre ______________________ Fecha __________

Hiatos con acento ortográfico y diptongos

Palabras básicas 1 a 10. Lee los párrafos. Escribe en cada línea de abajo la Palabra básica que mejor vaya en cada caso.

Un periodista de nuestro periódico estuvo presente en las excavaciones realizadas en Francia, donde la semana pasada se encontraron los huesos de un antiguo (1) ________. Todas las personas que estaban en el lugar (2) ________ una gran (3) ________ por el descubrimiento. Estaban felices.

(4) ________ no se hicieron todos los estudios, pero sí se pudo determinar que el animal pertenece al (5) ________ de los Abrosaurus. Hasta el momento no se había encontrado nunca este tipo de animal en Europa y los científicos (6) ________ hacerlo. Se sabe que estos animales nacían, (7) ________ y vivían en China.

En un principio, la gente del (8) ________ cercano al lugar donde se hallaron los huesos no creía que fuera posible encontrar algo allí. Sin embargo, los científicos (9) ________ que sí era posible y que así lo afirmaban sus investigaciones.

1. ____________________
2. ____________________
3. ____________________
4. ____________________
5. ____________________
6. ____________________
7. ____________________
8. ____________________
9. ____________________

Palabras avanzadas 12 a 14. Un deportista que recientemente participó en los Juegos Olímpicos va a tu escuela a dar una conferencia sobre su experiencia en la competencia. Tú logras hablar con él y escribes un párrafo corto para el periódico de la escuela. Usa tres Palabras avanzadas en tu párrafo en una hoja aparte.

Palabras de ortografía

1. decían
2. llovía
3. frío
4. alegría
5. crecían
6. oiría
7. todavía
8. aceite
9. muela
10. batería
11. querían
12. guantes
13. vacío
14. dinosaurio
15. tenían
16. prefiere
17. nueve
18. cielo
19. pueblo
20. reino

Palabras avanzadas

proteínas
increíble
creíble
mantenía
minoría

Nombre ______________________________ Fecha ______________

S.O.S. Animales en peligro

Ortografía: Hiatos con acento ortográfico y diptongos

Clasificar palabras de ortografía

Escribe cada Palabra básica junto a la descripción correcta. Algunas palabras pueden estar en dos filas.

palabras con hiato	**Palabras básicas:** **Palabras avanzadas :**
palabras con diptongo	**Palabras básicas:**
palabras con hiato y diptongo	**Palabras básicas:**

Palabras avanzadas Agrega las Palabras avanzadas en tu tabla para clasificar palabras.

Palabras de ortografía

1. decían
2. llovía
3. frío
4. alegría
5. crecían
6. oiría
7. todavía
8. aceite
9. muela
10. batería
11. querían
12. guantes
13. vacío
14. dinosaurio
15. tenían
16. prefiere
17. nueve
18. cielo
19. pueblo
20. reino

Palabras avanzadas

proteínas
increíble
creíble
mantenía
minoría

Nombre ______________________________ Fecha ______________

Revisión de ortografía

Encuentra todas las palabras mal escritas y enciérralas en un círculo. Escríbelas correctamente en las líneas de abajo.

—¿Recuerdas cuando tu abuela te escuchaba tocar la bateria?

—Sí, para ella yo era el orgullo de la casa y decía que debía serlo también del puéblo.

—Ella te había tejido unos gúantes para los días en que llovia y hacía frio y así podías seguir tocando.

—¡Qué linda! ¡Todas las veces que habrá querido dormir la siesta y yo con mis ruidos no la habré dejado!

—¡Ja, ja, ja! No. Para ella era una gran alegria que estuvieras en la casa tocando tus canciones preferidas. Todos tus familiares querián que tocaras si te hacía feliz. Todavia tengo en mi cabeza la música con la que practicabas sin parar. Ahora ya no practicas más, ¿verdad?

—No, mi hijo prefiére que no lo haga. ¡Ja, ja, ja! Él no cree, como la abuela, que yo sea un buen baterista.

—Quizás él no lo crea, pero tus núeve amigos y yo, sí. ¡Comienza a tocar tus canciones para nosotros!

1. ______________ 6. ______________

2. ______________ 7. ______________

3. ______________ 8. ______________

4. ______________ 9. ______________

5. ______________ 10. ______________

Palabras de ortografía

1. decían
2. llovía
3. frío
4. alegría
5. crecían
6. oiría
7. todavía
8. aceite
9. muela
10. batería
11. querían
12. guantes
13. vacío
14. dinosaurio
15. tenían
16. prefiere
17. nueve
18. cielo
19. pueblo
20. reino

Palabras avanzadas

proteínas
increíble
creíble
mantenía
minoría

Nombre ______________________ Fecha ____________

Palabras negativas

- Las palabras que hacen que una oración signifique "no" son **palabras negativas.**
- Las palabras **nunca, nadie, nada, ningún, ninguna** y **ninguno** son negativas.

  Alguien quiere ir al cine. (oración afirmativa)

  No alguien quiere ir al cine. (oración negativa incorrecta)

  Nadie quiere ir al cine. (oración negativa correcta)

Pregunta para reflexionar
¿Las oraciones son afirmativas o negativas?

1 a 4. Escribe una palabra negativa en la línea de abajo.

1. __________ vi un dinosaurio.
2. En algunos países de América del Sur, no hay __________ guacamayo azul.
3. __________ es más importante que cuidar a las especies en peligro.
4. ______________ vio un dinosaurio.

5 a 7. Vuelve a escribir las siguientes oraciones y conviértelas en negativas.

5. Todos cuidan a los animales en peligro de extinción.

   ____

6. Siempre miro documentales sobre animales.

   ____

7. Un hombre vio un pájaro dodo volando el año pasado.

   ____

Nombre ______________________ Fecha __________

Palabras negativas

- Las palabras **nunca, nadie, nada, ningún, ninguna** y **ninguno** son negativas.
- Si la palabra negativa está después del verbo, se debe repetir la negación.

  Nadie quiso comer el pastel.

  No quiso comer **nadie** el pastel.

Pregunta para reflexionar
¿Cuándo tienen doble negación las oraciones?

1 a 6. Completa la oración con la palabra negativa correspondiente.

1. No pudo ______________ de los invitados a la fiesta ver la fotografía del dinosaurio.
2. Fui de excursión al zoológico pero no vi ______________ oso panda.
3. ______________ de mi clase sabía qué era un pájaro elefante.
4. Viajé a muchos lugares, pero ______________ fui a Madagascar.
5. No vi ______________ interesante en el zoológico.
6. No pudimos tomar ______________ fotografía de los animales.

S.O.S. Animales en peligro

Gramática: Palabras negativas

Nombre ______________________ Fecha __________

Palabras negativas

1 a 5. En la línea, escribe la palabra o las palabras que hacen que la oración sea negativa.

1. No puedo ver un pájaro dodo porque ya no existen.

   ____

2. Ningún ranchero se apiadó de los los lobos marsupiales.

   ____

3. Nunca volvieron a ver un pájaro elefante en Madagascar.

   ____

4. Ya nada puede hacerse por los animales extintos.

   ____

5. No existe ninguna razón por la que no podamos ayudar.

   ____

6 a 10. En la línea, escribe la forma negativa de las siguientes oraciones.

6. Alguien vio un dinosaurio vivo el año pasado.

   ____

7. Todos los pájaros dodo tenían plumas rojas.

   ____

8. Siempre leo libros sobre dinosaurios.

   ____

9. Algo puede hacer que vuelvan a existir las especies extintas.

   ____

10. Alguno de los lobos marsupiales pudo sobrevivir a la extinción de su especie.

    ____

Nombre ______________________ Fecha __________

Tiempos verbales

- Un verbo en **tiempo presente** describe una acción que sucede ahora o que se repite una y otra vez.
- Un verbo en **tiempo pasado** describe una acción que ya sucedió.
- Un verbo en **tiempo futuro** describe algo que va a suceder.

1 a 4. Completa los espacios en blanco con el tiempo correcto del verbo que está entre paréntesis.

1. Los dinosaurios ______________________ en la antigüedad. (existir)
2. La semana que viene ______________________ las especies y sus hábitats. (estudiar)
3. En la actualidad ______________________ especies en peligro. (haber)
4. El mes que viene ______________________ a un científico especializado en dinosaurios. (entrevistar)

Nombre ______________________________ Fecha __________

Lección 30
CUADERNO DEL LECTOR

S.O.S. Animales en peligro
Gramática: Conectar con la escritura

Normas: Corregir

Oración con errores	Oración corregida
No nadie puede evitar los desastres naturales.	~~No~~ N nadie puede evitar los desastres naturales.

1 a 6. Usa las marcas de correción para corregir los errores de las siguientes oraciones.

1. Algunas personas nunca no aprenden a cuidar los recursos naturales.
2. Ninguno dinosaurio sobrevivió.
3. Vi nada nuevo en mi excursión por el zoológico.
4. El pájaro elefante nunca no pudo volar.
5. Hay nadie ahora en el laboratorio investigando los huesos de dinosaurio.
6. Ninguno tipo de contaminación es imposible de reducir.

Nombre ______________________ Fecha __________

Punto de enfoque: Fluidez de las oraciones

Usar diferentes tipos de oraciones

Los escritores nos pueden dar la misma información con diferentes tipos de oraciones.

Los osos panda necesitan que su hogar esté protegido.

Pregunta: ¿No se merecen los osos panda un hogar seguro?

Exclamación: ¡Los osos panda deben tener un hogar seguro!

Da la misma información aquí provista, pero con un tipo diferente de oración.

1. Las focas se encuentran amenazadas por razones comerciales.

Mandato: ______________________________

____

Pregunta: ______________________________

____

2. La tala indiscriminada de árboles produce consecuencias terribles en el hábitat de las especies.

Exclamación: ______________________________

____

Mandato: ______________________________

____

3. Después de sesenta años reapareció el cóndor de California en el cielo mexicano.

Pregunta: ______________________________

____

Exclamación: ______________________________

____